行列のできる

子ども健康相談室

0~10歳児の病気とケガのおうちケア

たけつな小児科クリニック院長
竹綱庸仁

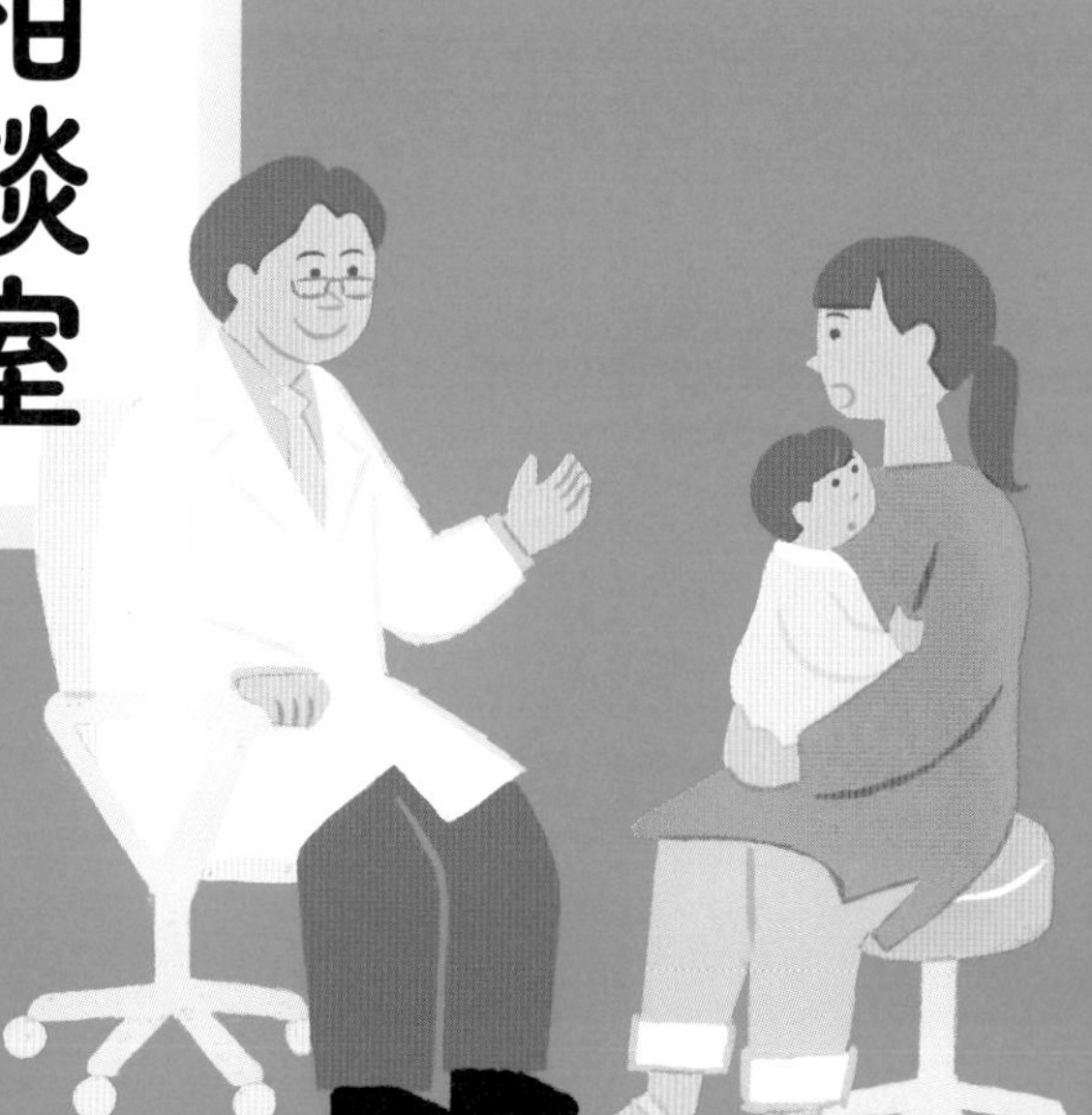

KADOKAWA

子どもの病気やケガは、急にやってきます。

朝、元気に登園・登校し、午後、元気に帰ってきた。
夕食もしっかり食べた。
なのに、夜中に子どもが発熱。

「どうしよう！」

一刻も早く、治してあげたい。

「でも、なにをしたらいいの？」

子どもの健康に関わる心配ごと、相談したいことは、夜中に突然ふってくるものです。
でも、深夜だと、かかりつけの小児科は診療時間外。

子育ての大ベテラン、祖父母も寝ているから電話できない。
友人、知人にメッセージを送るのも非常識かも……。

こんなときはスマホで検索！　と、調べてみても、
インターネット上の情報が信頼できるのか
不安になることもあるでしょう。

そんな「困った！」や、命に関わる間違った情報から、
ママ&パパとお子さんを守るために、
奈良県生駒市で、年間約３万人の子どもを診てきた実績と、
病児保育や児童発達支援を通じて得た経験をもとに、この本を書きました。

小児科医は「すぐに処置が必要な子」に適切な対応ができるように、

「見過ごしてはいけないポイント」を診ています。

ママ&パパにもチェックしてほしい

見過ごせない子どもの症状

発熱

熱が出た!
(37.5℃以上)

いいえ → **下記の症状がある(1つでも)**
- ぐったりしている
- 吐いている(3回以上)
- おしっこが出ない(1回以下)
- 水分補給ができない(500ml以下)

　いいえ → かかりつけ医の診療時間を待って病院へ

　はい → 夜間・休日診療へ

はい → **けいれんしている**

　いいえ → 夜間・休日診療へ

　はい → **すぐに救急車を!**

「救急？」「様子見でOK？」と迷ったら、
この本を参考にしてください。

嘔吐《おうと》

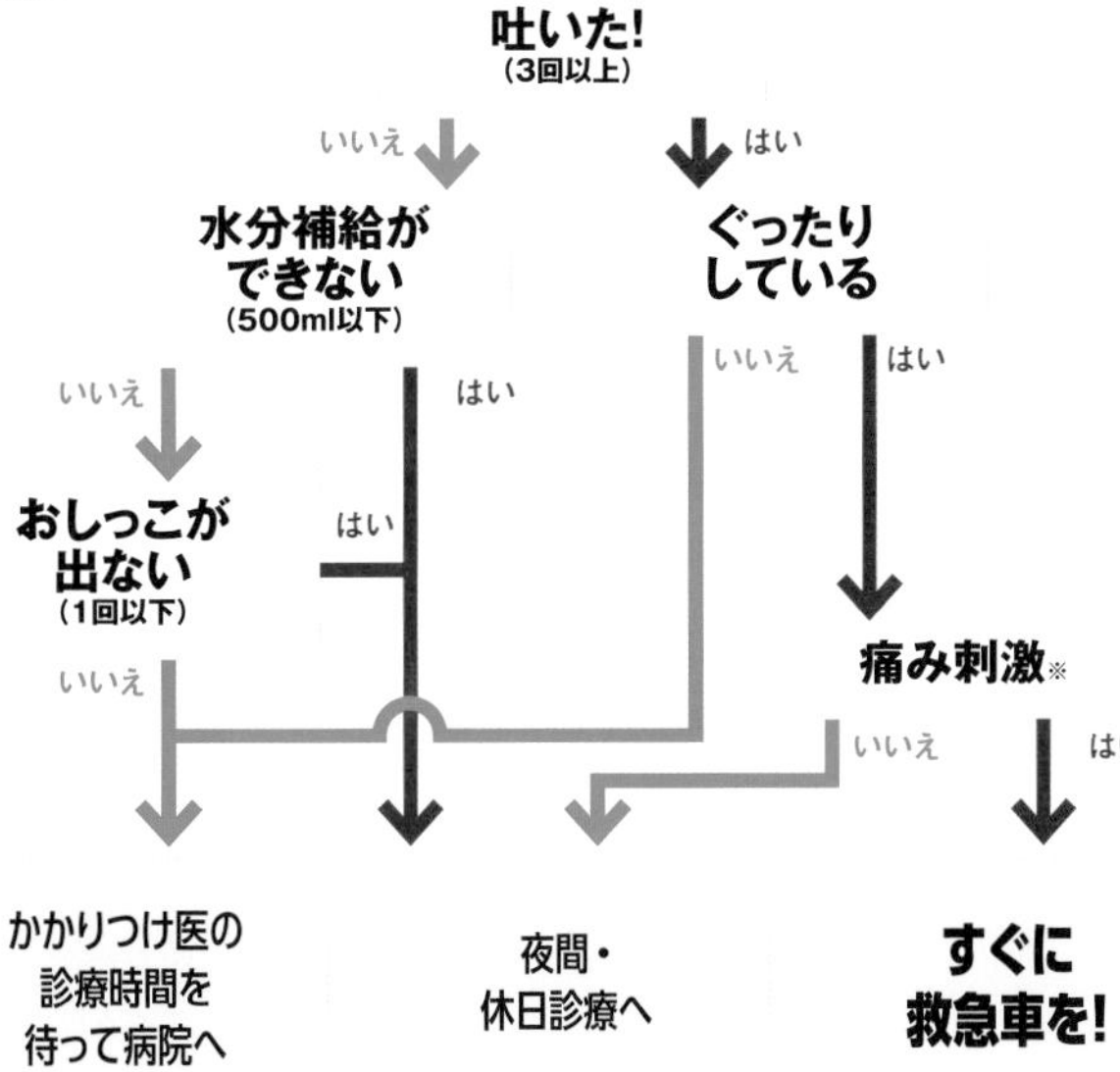

※太ももを軽くつねっても、反応がない

けいれん

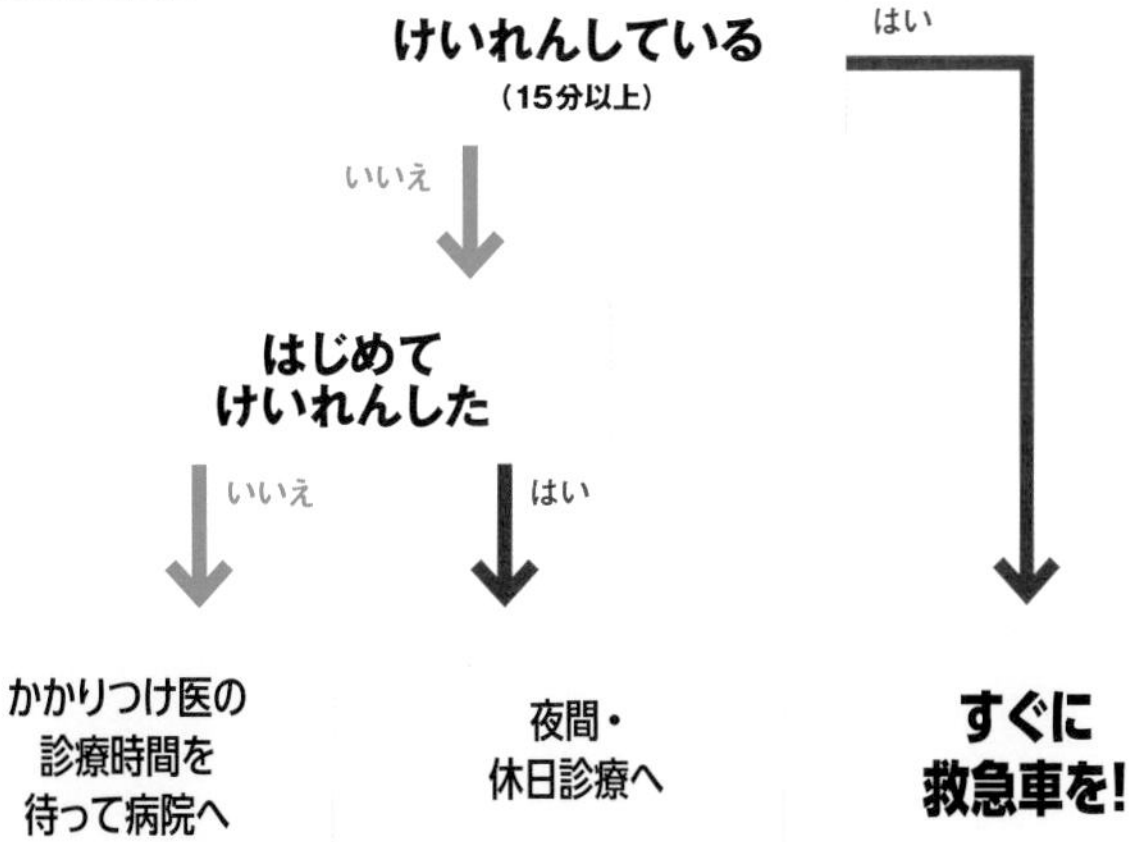

※短時間のけいれんでも、1日に複数回けいれんがある場合も救急要請を。

※「見過ごせない子どもの症状」チャートは、あくまでも目安です。医師や救急隊員の判断に従ってください。

この本は、小児科医である私が「チェックしているポイント」をフローチャートやチェックリストで掲載し、子どもの症状を、医師や救急隊員に的確に伝えられるよう工夫しました。

また、普段のちょっとした「困った」にも活用してもらえるよう、**おうちケアの方法**や、**予防接種のスケジュール**、**薬の使い方**など、よく質問されることもまとめました。**発育や発達の悩み**にも、Q＆Aでお答えしています。

本書を「家庭の医学　子ども版」として手元に置いていただいて、子育ての不安を解消する助けにしてもらえたらうれしいです。

たけつな小児科クリニック院長　竹綱庸仁

この本の使い方

「病気かも?」をフローチャートでチェック

子どもの様子を(はい/いいえ)で答え、可能性のある病気を探ります。病気の詳しい説明は、該当のページを確認して、受診するかの目安にしてください。

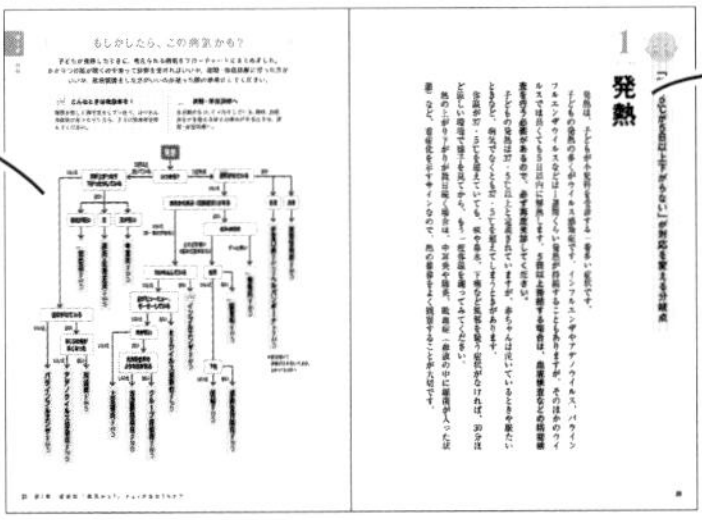

もしかしたら、この病気かも?

発熱

症状別でわかりやすい

1章では、子どもに多い症状と、おうちケアの方法を紹介。

救急or病院チェックリスト

緊急を要するかどうかをチェックリストにまとめました。医師や救急隊員に子どもの様子を知らせる際にも役立ちます。

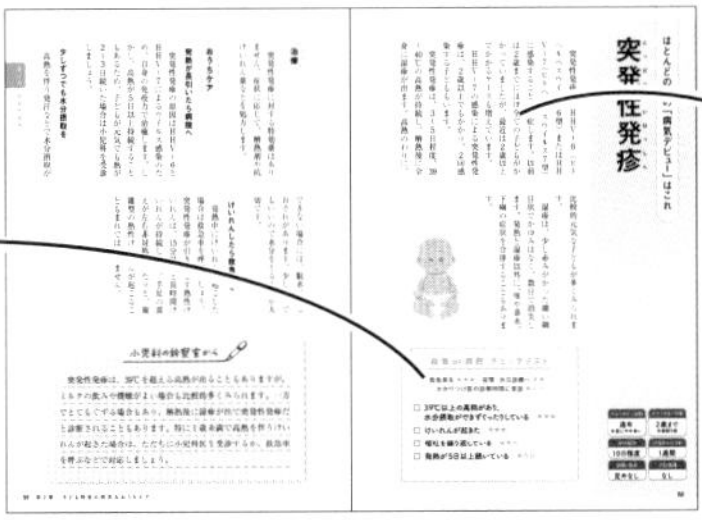

突発性発疹

病名や、ケガ・事故別でわかりやすい

2、3章では、かかりやすい病気や、ケガ・事故の説明と、対応方法を紹介。治療方法や、おうちケアもわかります。

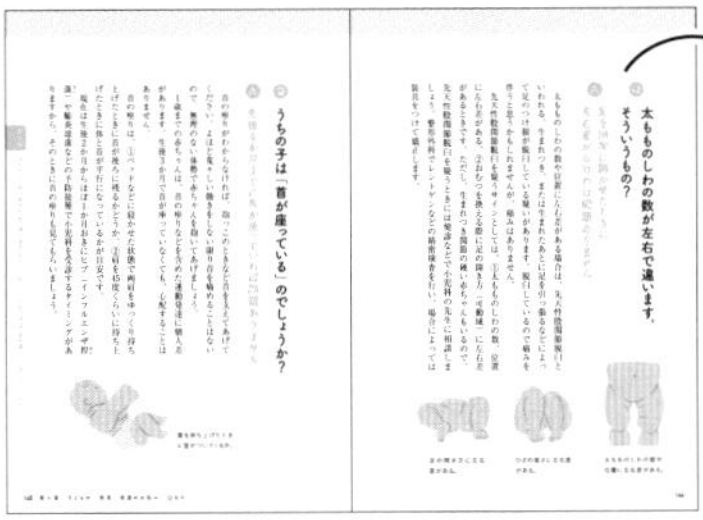

うちの子は「首が座っている」のでしょうか?

太もものしわの数が左右で違います。そういうもの?

Q&A形式でモヤモヤを解消

子どもの健康に関する心配ごとは、就学後まで尽きません。4章では発育と発達についてのお悩みにお答えしました。

本書は、病院での診療・治療につながるまでの子どもの健康と、保護者をサポートするための一冊です。子どもの病気やケガ、事故の対応に迷ったときにお役立てください。病院で診断がついた後もさくいんから病名を調べれば、詳しい説明やおうちでのケア方法がわかります。

※本書の情報は2023年4月現在のものです。
※「もしかしたら、この病気かも?」チャートや「救急or病院チェックリスト」は、あくまでも目安です。治療や手当は、医師の判断に従ってください。

行列のできる子ども健康相談室　目次

はじめに　2

第1章　症状別「病気かも?」チェック&おうちケア

子どもの病気の8割は自然に治る　16
軽症のうちから小児科医の診療を　18
発熱　20
鼻水・鼻づまり　24
咳・喘鳴　28
けいれん　32
吐いた(嘔吐)　36
痛み　40
下痢　44
湿疹・かゆみ　48
COLUMN　「夜間・休日診療」「救急要請」ってどうすればいいの?　52

第2章 子ども特有の病気&おうちケア

子どもは病気になるのも仕事のうち 54
病気の情報をネットで得るリスク 56
突発性発疹 58
肺炎・気管支炎 60
ヘルパンギーナ 64
手足口病 67
熱性けいれん 68
てんかん 70
COLUMN 薬のお悩み相談室① 72
アデノウイルス感染症 74
ヒト・メタニューモウイルス感染症・RSウイルス感染症 76
溶連菌感染症 78
インフルエンザ 80

髄膜炎 82
脳炎・脳症 84
気管支喘息 86
クループ症候群（急性喉頭炎） 88
水ぼうそう 90
百日咳 92
おたふく風邪（流行性耳下腺炎） 94
COLUMN 予防接種のなぜ・なに相談室 96
リンゴ病 98
川崎病 99
あせも 100
とびひ 102
アトピー性皮膚炎 103
水いぼ 104
じんましん 106

食物アレルギー 108
COLUMN 薬のお悩み相談室② 110
感染性胃腸炎 112
口内炎 116
血尿・タンパク尿 118
便秘 120
腸重積 122
尿路感染症 124
花粉症・アレルギー性鼻炎 126
副鼻腔炎（蓄膿症） 127
中耳炎 128
結膜炎 129
COLUMN かかりつけ医か専門医、どっちに行けばいい？ 130

第3章

注意したいケガと事故&おうちケア

一生に一度（?）の診察と月に一度の診察 132
小児科医の診療範囲は無限!? 134
傷 136
やけど 140
打撲 142
鼻血 144
脱臼（肘内障） 146
誤飲 148
おぼれた（溺水） 152
虫さされ（虫刺症）・動物咬症 154
熱中症 156
COLUMN 「ベビーカー熱中症」に注意! 158

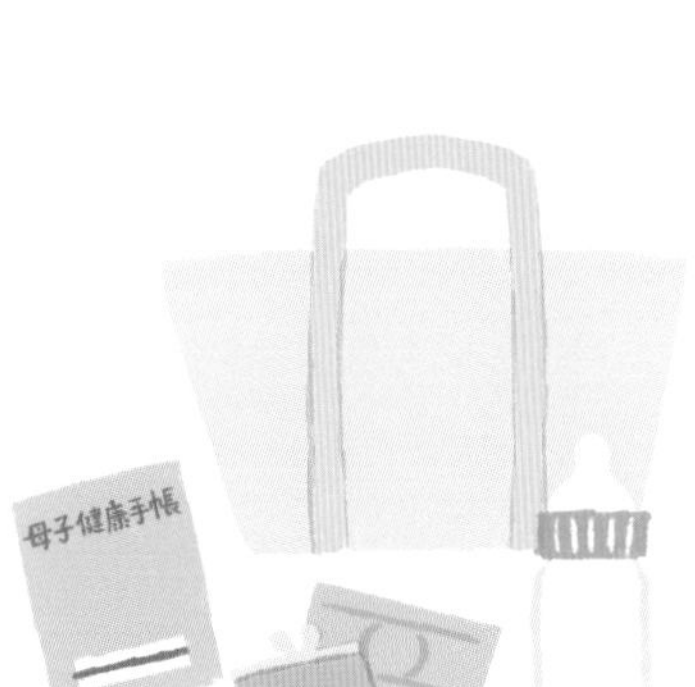

第4章 子どもの「発育・発達のお悩み」Q&A

子どもの健康に関する悩みは、「病気」だけではありません 160
Q 太もものしわの数が左右で違います。そういうもの？ 164
Q うちの子は「首が座っている」のでしょうか？ 165
Q まだ4か月ですが、公園への散歩や外出はしてもいい？ 166
Q 生後8か月でお座りができないのは遅い？ 167
Q 家族以外が抱っこをすると泣き止みません！ 168
Q 頭の形が気になります。心配ない？ 169
Q 1歳で歯が4本しかない。大丈夫？ 170
Q 1歳で一人歩きができなくても問題ない？ 171
Q 2歳でスマホ大好き。動画を見せてもいい？ 172
Q 3歳で2語文しか話せないのは、遅い？ 173
Q 3歳半健診で、色が答えられませんでした。 174
Q 園での集団行動が苦手です。個性？ 発達の問題？ 175
Q 「カ行」「サ行」がうまく話せません。訓練が必要？ 176
Q 「こだわり」が強く、来年からの学校生活が心配。 177

Q 体が揺れて長時間座っていられない。これって普通？ 178
Q 5歳ですが、おねしょが治りません。 179
Q 小1ですでに勉強が苦手。なにか原因がある？ 180
Q 半年くらい腹痛、下痢を繰り返しています。 182
Q 朝起きられず、遅刻や欠席が目立ちます。 183
COLUMN 乳幼児健診で、先生はなにを診ているの？ 184

第5章 病気の子どもに寄り添うときの3つのルール

全ての患者さんを「我が子」と思って 186
「先生なら助けてくれる」という安心のために 191
おわりに 194
病名・症状別さくいん 196

装丁……鈴木大輔（ソウルデザイン）
本文デザイン＋DTP……江崎輝海（ソウルデザイン）
イラスト……堀川直子
ライター……掛端 玲
企画協力……福元美月
編集協力……泊 久代
校正……東 貞夫
編集……河村伸治
出版プロデュース……吉田 浩（天才工場）

第 1 章

症状別「病気かも?」チェック&おうちケア

さっきまで元気だった子が急に静かになったり、グズグズしたり。
子どもに多い「あれ?」「病気?」と迷う症状をまとめました。
可能性のある病気がわかるチャートで病院へ行くかを検討したり、
おうちケアの方法を調べたり。急な「困った!」にお役立てください。

発熱 …… 20
鼻水・鼻づまり …… 24
咳・喘鳴 …… 28
けいれん …… 32
吐いた(嘔吐) …… 36
痛み …… 40
下痢 …… 44
湿疹・かゆみ …… 48

子どもの病気の8割は自然に治る

小児科を受診する子どもの多くは、熱、咳《せき》、鼻水、下痢、つまり風邪症状です。

しかし、咳という症状1つをとっても、**咳に伴って熱はあるか、夜に咳込んで眠れていないか、痰《たん》の絡んだ咳なのかなど、さまざまなシチュエーションがあります。**

そうしたことを聞き、さらに、クリニックを受診した際に喉が赤いのか、肺がゼーゼーいっているかなど診察したときの状況もふまえ、咳の原因を探るのが小児科医の役目です。

さらにいうと、小児科の先生に診てもらった時点で、家に帰った日の夜の急変時の対応や可能性、数日後の経過を予測し、次の受診のタイミングなどを話してくれるなら、とてもいい先生だと思います。


ここで少し、お子さんが小児科を受診したときのことを思い出してください。

咳や鼻水で受診した際、**毎回症状が多少違うのに、いつも痰きり薬しか出ていないという経験をされたことはありませんか？**

それは、子どもの風邪の原因の多くはウイルスによる風邪だからです。

その先生は、薬を飲まなくても8割は自身の免疫力で治癒することを知っていて、不必要な処方は行わないと考えているのでしょう。

だからといって、**小児科に行かなくてもいい、薬を飲まなくてもいいというわけではありません。**小児科医は風邪を軽く考えているわけではないのです。

例えば、たけつな小児科クリニックを受診する子どもやご家族には、軽症と思っても早めに受診するように伝えています。

なぜなら、**家族が大丈夫と思っても、中には血液検査や吸入などの処置が必要になる状況が隠れている可能性があるからです。**

小児科医は短い診察時間の中で、子どもの顔色や元気の度合い、歩く様子など、全身状態をくまなく診ているのです。

軽症のうちから小児科医の診療を

元気があるないに関わらず、精密検査や、ときには入院して治療が必要なこともあります。特に私が注意しないといけないと考える症状は、次の症状です。

- **熱が5日以上続いている**
- **嘔吐《おうと》を繰り返す**
- **けいれんをしている**

そのため、4～5ページでは、特にこれらの症状が緊急性につながる可能性をフローチャートでご紹介しました。

この3つを、冒頭のフローチャートで紹介した理由は、「いつもの風邪だから」と看過して、受診のタイミングを誤らないようにしていただきたいからです。

例えば、発熱、嘔吐で水分がとれないときがあります。500ミリリットルの水分がとれたかとれないかで、**通院で治療できるか、入院して治療しないといけないのかの分かれ目に**

なることがあります。

さらに、けいれんなどでは家族は見た目でおさまっていると思っても、実は持続していて、息が浅くなっているというときもあります。

何度もいうようですが、5日以上持続する発熱、繰り返す嘔吐、けいれんを認めたときには大丈夫と思わず、**この本のフローチャートを参考に、受診するタイミングを逃さないようにしてください。**

この3つの症状以外でも、**夜間眠れないほどのひどい咳、血便などの症状で検査や処置などの緊急対応が必要となることもあります。**

この章では、そうした受診のタイミングを逃すことのないよう、緊急を要する病気の可能性がないかどうかの目安をできるだけわかりやすく症状のあるなしで示しています。

前項で「子どもの病気の8割は自然に治る」といいましたが、小児科医の仕事は、この3つの症状に注意しながら、積極的な治療をしないといけない2割の患者さんを見過ごさないようにすること。子どもや家族の負担が、極力少なくなるために治療をすることなのです。

1 発熱

「37・5℃が5日以上下がらない」が対応を変える分岐点

発熱は、子どもが小児科を受診する一番多い症状です。

子どもの発熱の多くがウイルス感染症です。インフルエンザやアデノウイルス、パラインフルエンザウイルスなどは1週間くらい発熱が持続することもありますが、そのほかのウイルスでは長くても5日以内に解熱します。**5日以上持続する場合は、血液検査などの精密検査を行う必要があるので、必ず再度受診してください。**

子どもの発熱は37・5℃以上と定義されていますが、赤ちゃんは泣いているときや眠たいときなど、病気でなくとも37・5℃を超えてしまうときがあります。

体温が37・5℃を超えていても、咳や鼻水、下痢など風邪を疑う症状がなければ、30分ほど涼しい環境で様子を見てから、もう一度体温を測ってみてください。

熱の上がり下がりが数日続く場合は、中耳炎や肺炎、敗血症（血液の中に細菌が入った状態）など、重症化を示すサインなので、熱の推移をよく観察することが大切です。

もしかしたら、この病気かも?

子どもが発熱したときに、考えられる病気をフローチャートにまとめました。
かかりつけ医が開くのを待って診察を受ければいいか、夜間・休日診療に行った方がいいか、救急要請をした方がいいのか迷った際の参考にしてください。

こんなときは救急車を!

呼吸が苦しく肩で息をしていたり、けいれんの症状があったりしたら、すぐに救急車を呼んでください。

夜間・休日診療へ

水が飲めない、ぐったりしている、嘔吐、血便、おなかを抱えるほどの痛みがあるときは、夜間・休日診療へ。

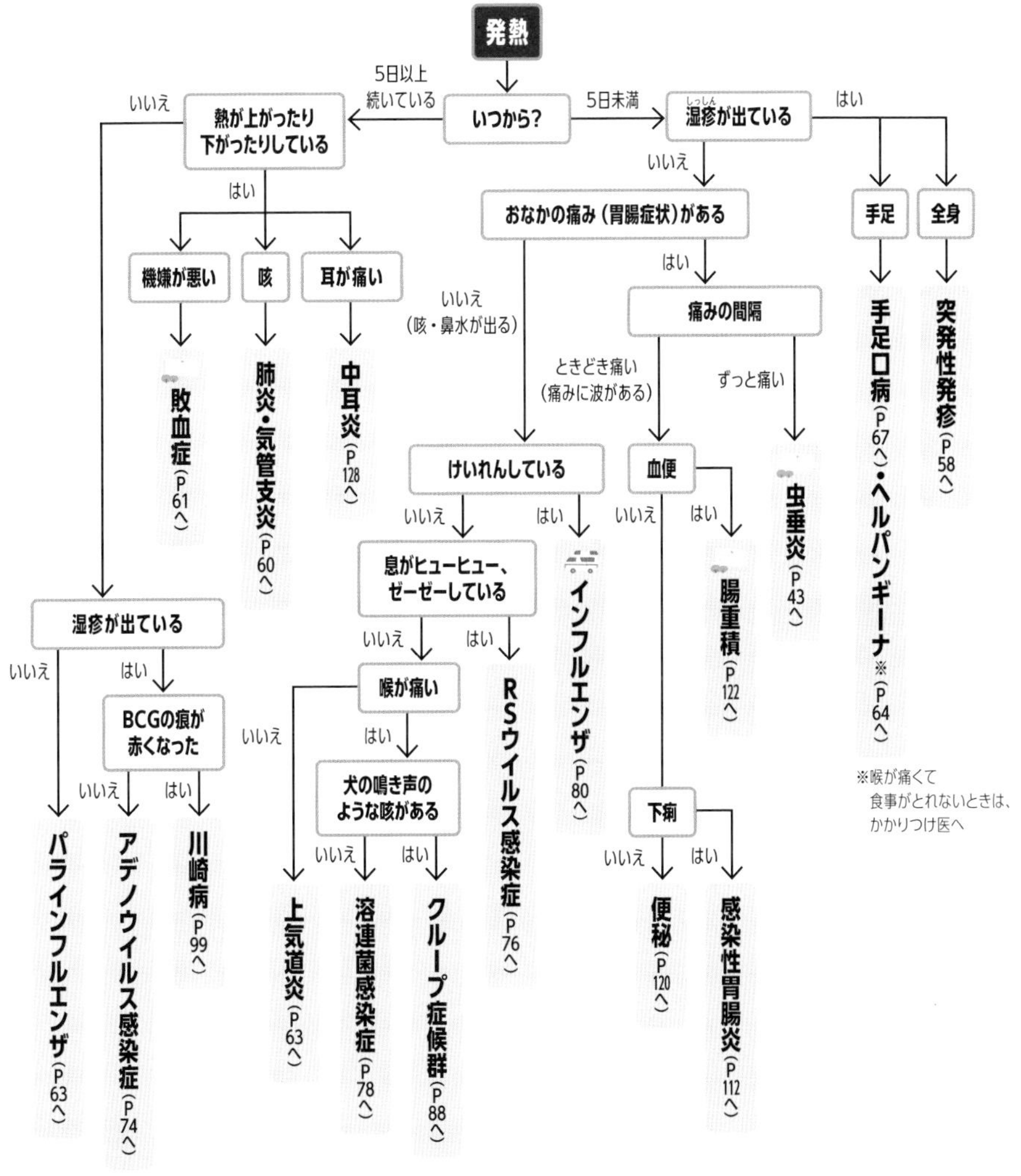

発熱したときのおうちケア

発熱は、ウイルスや細菌を退治する大事な体の反応なので、風邪に伴って出る熱は、必ずしも解熱する必要はありません。

1 保冷剤で体を冷やす

体の表面に近い大きな血管を冷やすことで自然に解熱させる方法です。解熱剤で強制的に体温を下げるわけではないため、熱性けいれんなどを起こしにくいというメリットもあります。冷却ジェルシートや氷のうでおでこを冷やしている子どもをよく見かけますが、おでこには大きな血管がないため、解熱効果は首、脇、股関節よりも低い可能性があります。

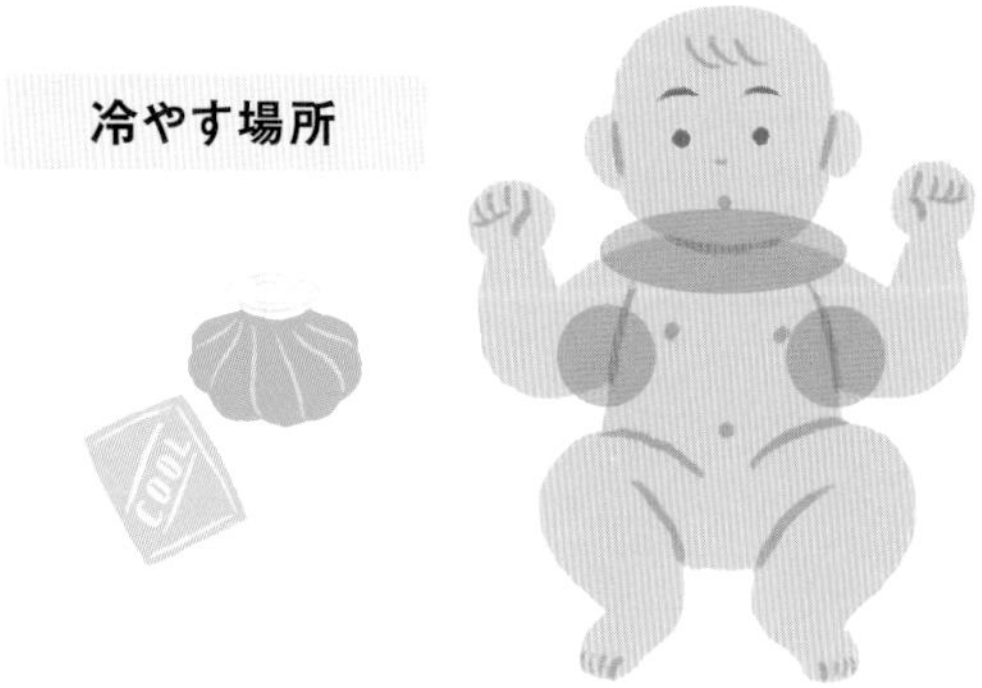

2 「ねつさまし」を飲ませる

保冷剤などで解熱を試みても38℃を超える熱が下がらない、ぐったりしている、水分がとれていない場合は、躊躇《ちゅうちょ》せず解熱剤を使用しましょう。子どもが使用する解熱剤は、6～8時間の間隔をあければ再使用しても差し支えありません。座薬と飲み薬の解熱効果は変わりませんが、嘔吐がある場合は飲み薬で嘔吐することがあるので、座薬がいいでしょう。お薬の飲ませ方は、72ページで詳しく説明しています。

3 お風呂には入らないで

熱があるときにお風呂に入ると、体温が上昇し体力を消費するため、余計に症状が悪化する可能性があります。汗をかいたときは、蒸しタオルや濡れタオルなどで体を拭いてあげる程度にとどめましょう。

4 しっかり水分をとって

熱の出ているときは、普段以上に汗として体の外に水分が出てしまいます。いつも通り水分をとっているつもりでも、脱水傾向になる可能性があるので、お茶や水、経口補水液などで水分をしっかりとるようにしましょう。

小児科の診察室から

熱は細菌やウイルスを体内から排除する生体反応です。解熱剤を使用することで菌を排除する機能が低下してしまう可能性があるので、解熱剤は38℃を超えていて水分がとれていないとき、ぐったりしているときに使用する方がいいでしょう。また、熱性けいれんは、熱が上がるときに引き起こしやすいといわれています。解熱剤を使用して強制的に解熱すると、薬の効果が切れたときにけいれんを起こす可能性があるので、注意が必要です。

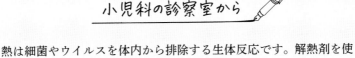

2

小児科医が診断するポイントは、年齢（月齢）、睡眠状態、感染症

鼻水・鼻づまり

鼻水・鼻づまりも、小児科医が毎日診ている症状です。

ほとんどは風邪によるものですが、ウイルスや細菌が体内に入り込んだときはもちろん、冬の寒い日に冷たい空気を吸い込んだときにも鼻水は出ます。アレルギーがあれば、スギ、ヒノキ、ハウスダストなどのアレルギー物質で出ることもあります。

鼻水で小児科医が注意するのは、年齢（月齢）、睡眠状態、感染症の３つです。

例えば、お母さんの免疫が残る３か月未満の赤ちゃんと、自身の免疫が確立していない１歳未満の乳児は、アレルギー性鼻炎は考えにくいので風邪を疑います。夜は昼間より鼻水の分泌が増え、鼻づまりで眠りが浅くなったり、寝不足になったりしていないか確認します。

鼻水の症状が多い感染症のうち、ＲＳウイルス、ヒト・メタニューモウイルスは１歳未満で感染すると入院治療が必要な場合があるため、これらの可能性がないか慎重に診断します。

子どもに鼻水や鼻づまりがあるときは、今挙げた３つのポイントに気をつけていただき、適切なタイミングで受診することが大切です。

もしかしたら、この病気かも？

鼻水が出たり、鼻がつまったりしたときに考えられる病気をまとめました。
鼻水が長く続いたり、量が多かったり、頭痛があるときはかかりつけ医の診察を。
日常生活に支障がなければ、自宅で様子を見てあげましょう。

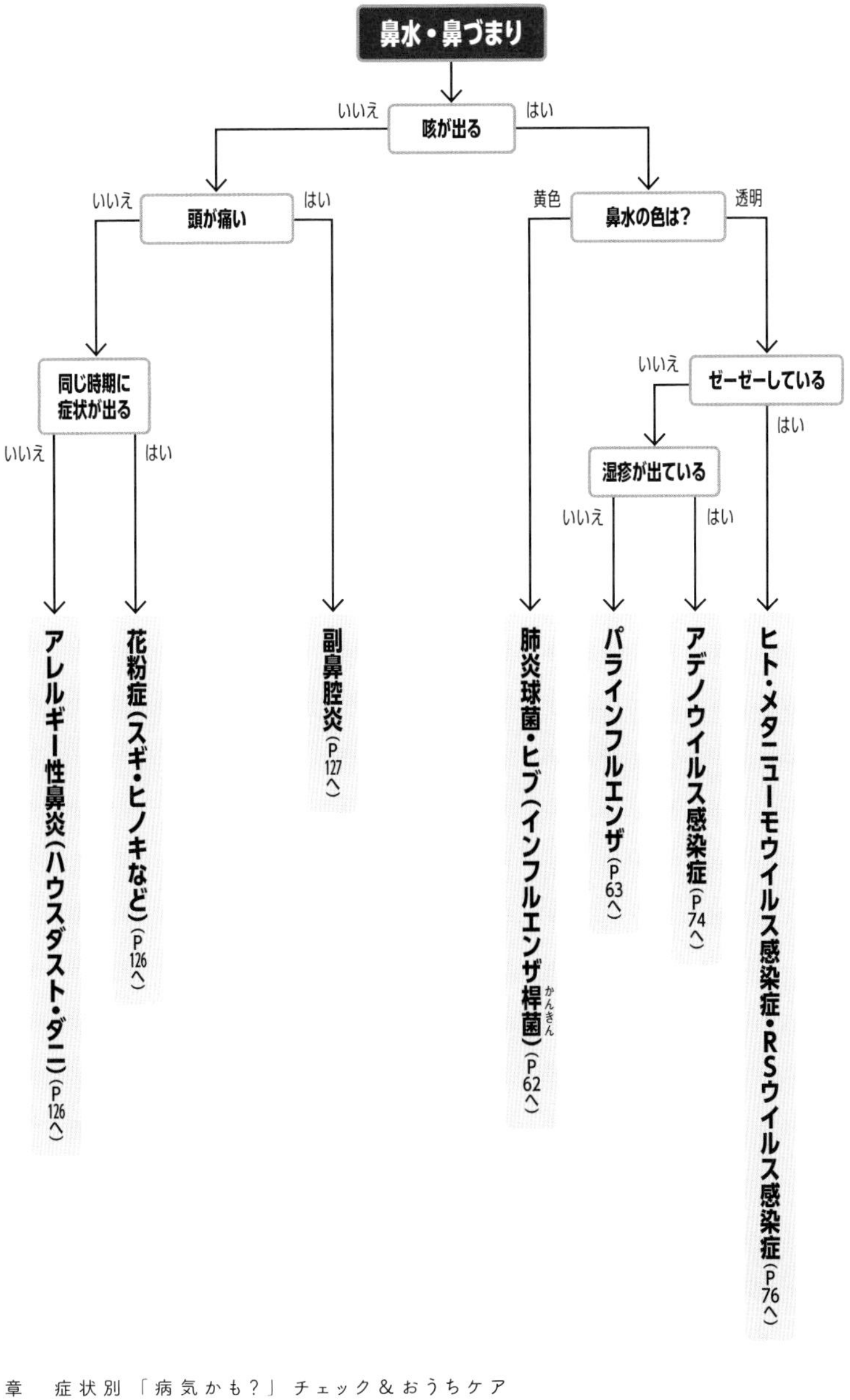

鼻水・鼻づまりのときのおうちケア

鼻水のケアで大切なのは、睡眠や哺乳を妨げないようにすることです。原因によって薬や体勢などを工夫して、子どもを安心させてあげて。

1 アレルギーは早めの対応を

スギ花粉の季節や、ペットがいる家に行ったときだけ鼻水が出るなど、アレルギー症状が起こる時期や環境がわかっている場合、アレルギーを抑える薬を予防として飲ませておくのもよい方法です。

2 鼻水がダラダラ続くときは鼻吸いを

家庭で使う鼻吸い用の器具は、あまり奥まで吸えず、嫌がる子どもも多いので無理に使う必要はありません。ですが、鼻水が長時間続くときは、睡眠や哺乳に影響することもあります。鼻の入り口付近の鼻水だけでも、吸ってあげるとよいでしょう。

3 眠れないときは体を起こして

鼻水が多いときに寝ると、鼻水が喉に流れ込んで息がしづらくなります。そんなときは上半身を起こすと、肺が広がって呼吸が楽になり、鼻水が喉にたまることも防げます。特に夜間は鼻水の分泌が増えやすいので、寝苦しいときは体を起こしてあげてください。

教えて！たけつな先生

自宅で鼻吸い器を使うコツって？

鼻吸い器とは、鼻づまりを解消する器具のことで、鼻に器具を入れて鼻水を吸い出します。しかし子どもは鼻吸いをしようとするとほぼ泣きます。つまり泣くと鼻水が出るため、子どもの鼻吸いは効果が不十分になります。

鼻水が奥にある鼻づまりなどのときは鼻吸いはせず、だらだら鼻水が垂れてくるときに鼻の出口の部分の鼻水を吸ってあげるといいでしょう。

3

咳・喘鳴《ぜんめい》

原因の多くは風邪だが、肋骨《ろっこつ》の下、鎖骨の上が上下するほどの咳は病院へ

子どもの咳は、毎日診察しない日がないくらいポピュラーな症状です。

咳は、喉や気管支にたまった痰やウイルスを排除するために出ます。風邪の治りかけには、咳が増えることもあります。

注意したいのは、肺からゼーゼーやヒューヒューと音がする咳です。この咳をするときは、気管支の粘膜が腫れて細くなっているため、呼吸が苦しくなることがあります。重症になると、肺に酸素が入らなくなり、酸素を吸わせる治療や、口から管を入れて呼吸を補助する治療をするため入院が必要となります。

子どもが明らかにゼーゼーという咳をしているときは、小児科を受診してください。またゼーゼー音が聞こえなくても、鎖骨の上や肋骨の下が呼吸のたびにペコペコ上下しているとき、横になって寝られないくらい呼吸がしんどそうなときは、気管支や肺に異常が起きている可能性がありますので、受診が必要です。

もしかしたら、この病気かも？

咳が出たり、息苦しそうなときに考えられる病気をフローチャートにまとめました。
自宅で様子を見ていて大丈夫か、かかりつけ医の診察を受けた方がいいか、
夜間・休日診療に行った方がいいか迷った際の参考にしてください。

こんなときは救急車を！

呼吸が苦しく肩で息をしているときは、すぐに救急車を要請して。

夜間・休日診療へ

眠れないほどひどく咳込む場合は、夜間・休日診療へ。

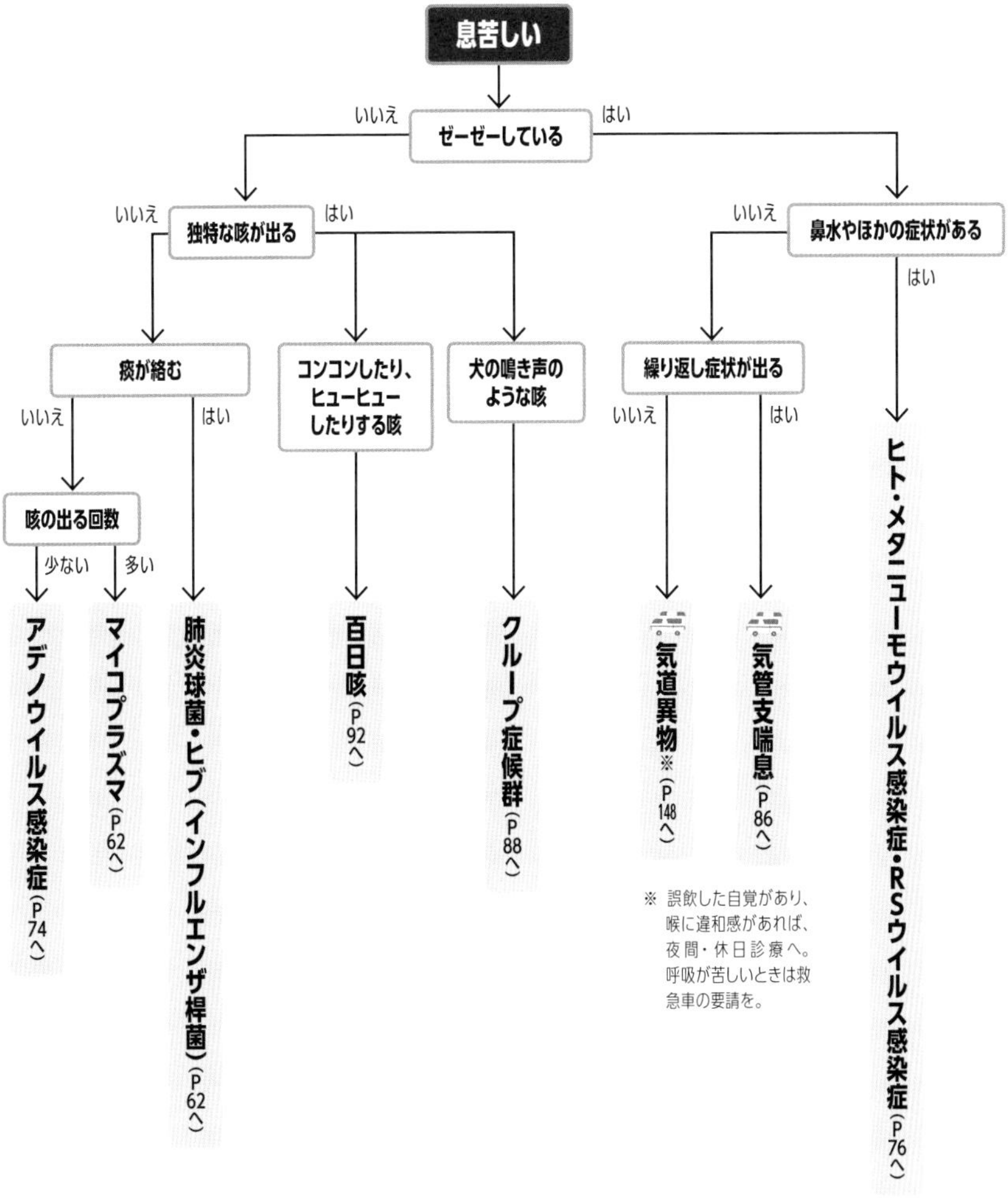

咳・喘鳴のときのおうちケア

咳の原因の多くは風邪です。咳のつらさをやわらげながら、十分に眠れる環境を作って、風邪を早く治すことが大切です。

1 しっかり加湿を

喉の乾燥は、咳を悪化させる原因の1つです。特に冬は、湿度が下がって空気が乾燥するため、咳が出やすい季節です。加湿器を使う、枕元に濡れタオルを置く、洗濯物を干すなど、室内の湿度を高める工夫をしましょう。

2 咳が激しいときは市販の塗り薬も

咳があまりにつらそうなとき、飲み薬だけでは咳がおさまらないときは、市販されている胸や背中に塗るタイプの薬も活用してみましょう。血行がよくなり胸がスースーするので、咳をやわらげることが期待できます。飲み薬と違って即効性があること、生後6か月頃から使えるのもよい点です。

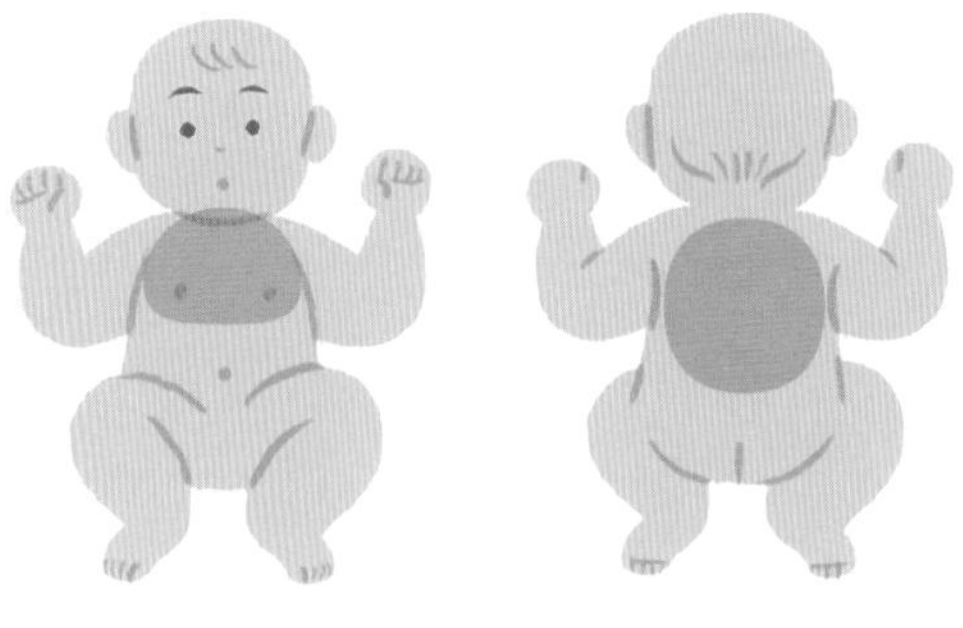

塗り薬は、胸、喉、背中に塗ります。

3 激しい運動は控えて

運動は気管支の粘膜を刺激するため、咳が増えることがあります。特に冬場は、冷たい空気を吸い込んで咳込みが激しくなりがちです。症状が軽い場合は差し支えありませんが、「一度咳込むと止まらない」「咳込みすぎて吐いてしまう（咳上げ）」「夜、咳で起きてしまう」といった状態のときは、運動を控えましょう。

小児科の診察室から

ゼーゼー、ヒューヒューという咳は「喘鳴」といわれる症状です。家庭には聴診器がないので「ヒューヒューといった音がわからないのでは？」と思われるかもしれませんが、耳を胸や背中にあてると、肺の音を聞くことができます。お子さんが咳をしていたら、ぜひ「音」も聞くようにしてください。

聴診器がなければ、胸に耳をあてて。自宅でも、肺の音を確認できます。

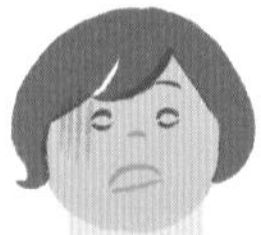

4 けいれん

子どもの病気で、救急対応の可能性がある最も注意したい症状の1つ

子どもは、脳の発達が未熟なことから、激しく泣いたときに起こる「憤怒《ふんぬ》けいれん」や、38℃以上の高熱を出したときに起こる「熱性けいれん」など、さまざまな場面でけいれんを起こします。

大多数を占めるのは「熱性けいれん」です。7歳くらいになると脳がほぼ成熟し、熱のストレスに耐えられるようになるため、熱性けいれんはなくなることがほとんどです。しかし、インフルエンザやヒトヘルペスウイルスなど、脳や脊髄に影響を及ぼすウイルスに感染すると、12歳以上でも起こることがあります。

発熱を伴わないけいれん、長時間や複数回続くけいれんは、てんかんや脳の血管異常などが隠れている可能性があり、脳波やＭＲＩの精密検査が必要な場合もあります。

熱性けいれんを含め、けいれんの多くは5分以内におさまります。15分以上続くときは、すぐに救急車を呼んでください。見た目ではけいれんが止まっても、原因がわかっていないときは、様子を見ることなく、病院を受診しましょう。

もしかしたら、この病気かも？

けいれんしたときに考えられる病気をフローチャートにまとめました。
自宅で様子を見ていて大丈夫か、かかりつけ医の診察を受けた方がいいか、
夜間・休日診療に行った方がいいか迷った際の参考にしてください。

こんなときは救急車を！

けいれんが起きて15分以上続く場合は、すぐに救急車を呼ぶこと。また、短時間のけいれんでも、１日に複数回けいれんがある場合も救急要請を。

夜間・休日診療へ

数分でおさまるけいれんでも、はじめてのけいれんの場合は、夜間・休日診療へ。

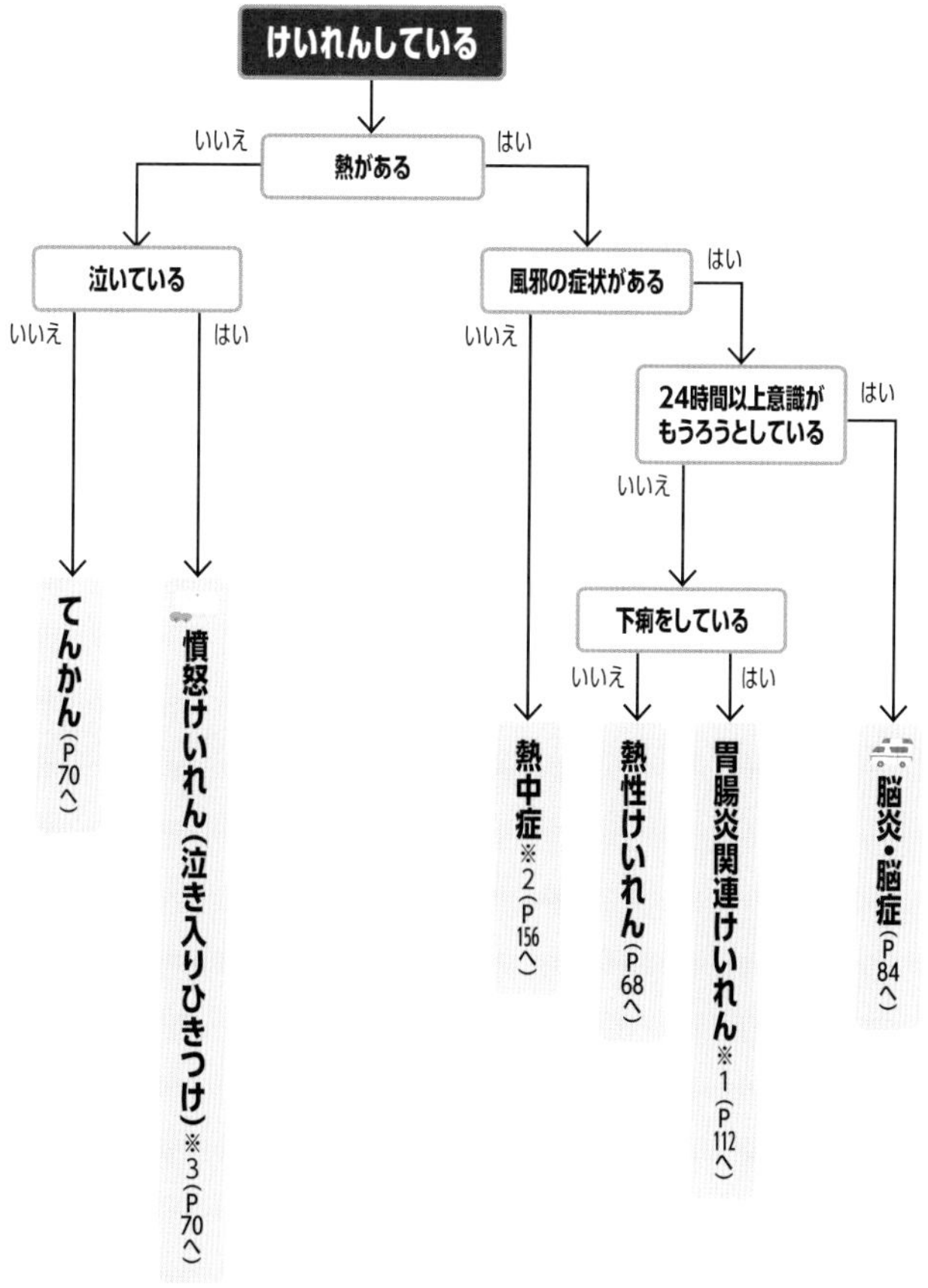

※1 15分以上のけいれん、または短時間でも1日数回けいれんした場合は救急車を要請して。
※2 意識がもうろうとしている場合はすぐに救急車を。意識はあるが嘔吐を繰り返し、水分がとれない場合は夜間・休日診療で診てもらいましょう。
※3 顔色が悪く、意識の戻りが悪いときは救急車の要請を。数分で意識が戻るようなら、夜間・休日診療へ。

けいれんしたときのおうちケア

けいれんは、起きないように予防すること、起こったときは症状を悪化させないようにすることがとても大切です。

1 抗アレルギー薬には注意

けいれんは、寝入りばな、起きがけなどボーッとした時間に起きやすい特性があります。アレルギーを抑える薬は眠くなる副作用があり、けいれんが起きやすい状態を作ることがあります。過去に一度でもけいれんを起こしたことがある子どもが、抗アレルギー薬を飲む場合は、その旨を医師に伝えるようにしましょう。

2 迷ったらすぐに救急車を

子どもがけいれんすると、ご家族は気が動転してしまうこともあります。「けいれんが止まったのかわからない」「止まったけれど意識がもうろうとしている」など、迷うことがあれば、ためらわずに救急車を呼びましょう。

3 顔は横向きに

けいれんと同時に嘔吐することもあります。吐いたものが気管支に流れ込むと、肺炎を起こすことがあり危険です。けいれん中に嘔吐したときは、吐いたものを飲んでしまわないように、顔を横向きにさせましょう。

4 家族の手は口に入れないで

けいれんが起きても、舌を噛《か》むことはありません。子どもの口の中に、家族の手を入れることはやめましょう。もし手を噛まれて出血すると、子どもが血液を誤飲してしまう可能性があります。気道がふさがり、呼吸が困難になることも考えられますので、手は入れないでください。

小児科の診察室から

けいれん後3か月ほどは脳波の異常が続くことがあります。この期間は再びけいれんを起こすリスクがあるため、副反応で発熱することがある予防接種は控えます。脳波は脳の心電図と考えてください。心電図が異常でも、症状がなければ経過観察になるように、脳波が異常でも積極的な治療が不要なケースも多々あります。

嘔吐で一番心配なのは脱水症状。嘔吐が続く場合は受診して

5 吐いた（嘔吐）

子どもの嘔吐の多くは、ノロウイルスやロタウイルスなどのウイルス感染に伴う胃腸炎によるものです。ほかに便秘や熱中症、過度の疲れやストレスにより起こるアセトン血性嘔吐症（自家中毒）や、熱が上がる前の症状として吐くこともあります。

嘔吐で注意することは、頻度と間隔です。立て続けに2回吐いても、その後おさまり、少しずつ水分がとれて機嫌がよければ経過観察で大丈夫です。しかし3回以上嘔吐が続く場合は、1時間おきだとしても脱水の危険があり、薬で嘔吐を止める必要があります。診療時間内に、かかりつけ医を受診してください。嘔吐が止まってすぐに水分をとると、再び吐くことがあります。水分の摂取は、嘔吐が止まって30分以上たってからにしましょう。

子どもは、自律神経の未熟さから起こる「周期性嘔吐症」など、嘔吐を繰り返すこともあります。周期性嘔吐症は漢方で緩和することもあります。腸重積や髄膜炎などが原因の場合もあるので、感染性胃腸炎、アセトン血性嘔吐症、便秘などの病気に関わらず嘔吐を繰り返すときは、早めに受診しましょう。

もしかしたら、この病気かも？

吐いたときに考えられる病気をフローチャートにまとめました。
自宅で様子を見ていて大丈夫か、かかりつけ医の診察を受けた方がいいか、
夜間・休日診療に行った方がいいか迷った際の参考にしてください。

こんなときは救急車を！

ここに記載した症状のほか、けいれんがある場合はすぐに救急要請を。

夜間・休日診療へ

嘔吐を繰り返して水分をとれないときは夜間・休日診療へ。

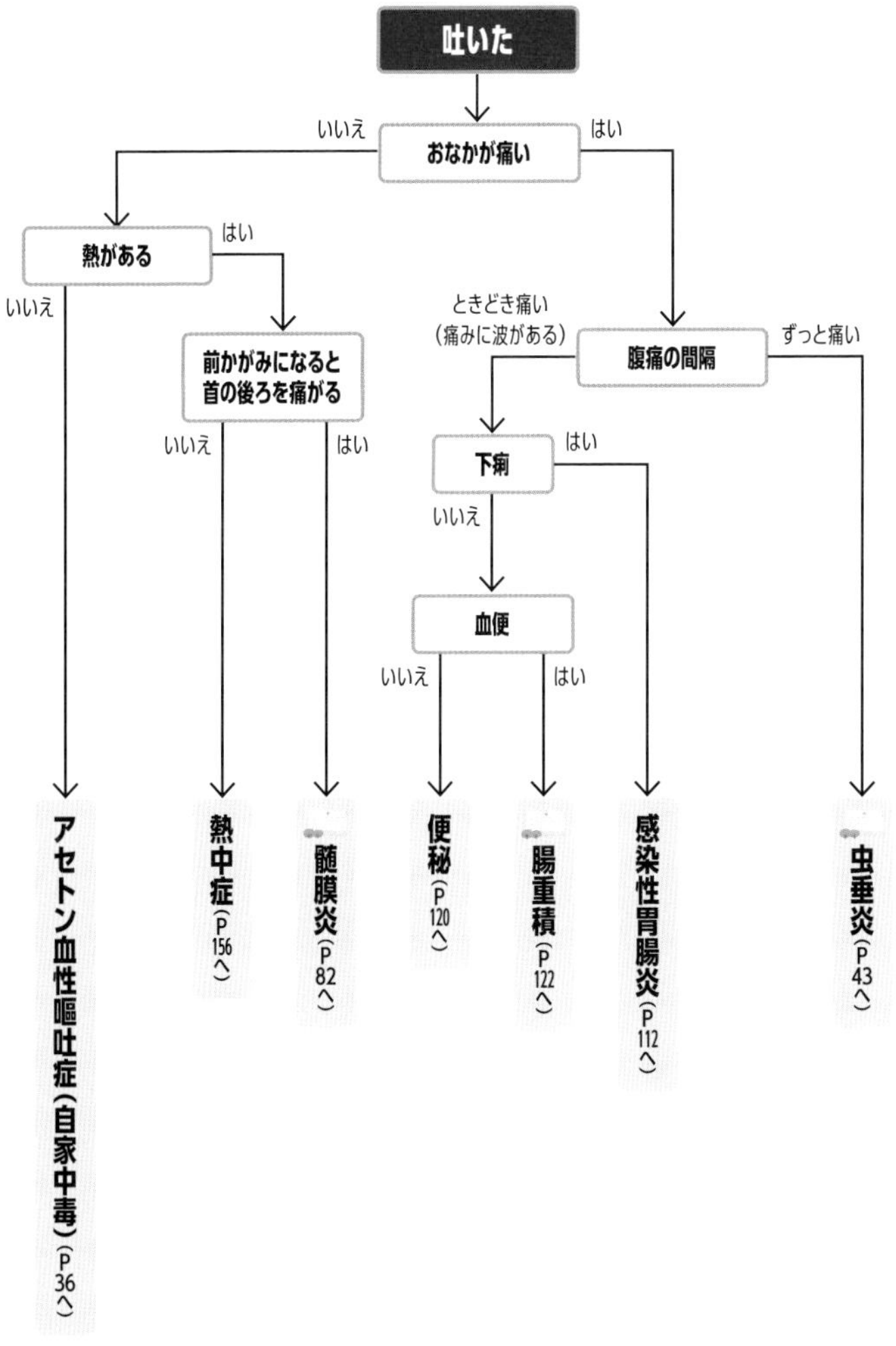

吐いたときのおうちケア

嘔吐がおさまったら胃にものをためないことが大切です。
水分の摂取もこまめにしましょう。

1 水分は少しずつ

嘔吐の直後に多量の水分をとると、喉や胃が刺激されて再び嘔吐が起きやすくなります。水分の摂取は、嘔吐が止まって30分以上経過したあと、ペットボトルのキャップ1杯分くらいの少量から、様子を見ながら飲むようにしてください。

2 塩分より糖分を優先に

嘔吐したときの水分は、スポーツ飲料や果汁ジュースなど糖分のあるものがおすすめです。糖をとらないと脂肪がエネルギーに変わり、そのとき作られるケトンという物質が吐き気を誘発します。

ただし、オレンジジュースなど酸味のあるもの、炭酸飲料は余計に吐き気をもよおすことがあるので控えましょう。

3 固形物は1～2日たってから

固形物を食べることで胃に内容物がたまると、再び嘔吐する可能性が高まります。嘔吐が止まってすぐは、水分も含めてなにも口にしないでください。固形物は、嘔吐が完全に止まって1～2日後から食べ始めるのがよいでしょう。

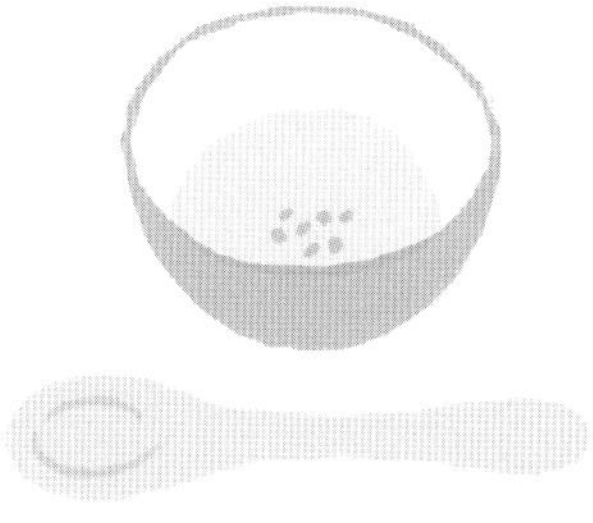

教えて！たけつな先生

脱水症状の見分け方は？

脱水症状かは、下記の４つのポイントを見てください。

① 尿の量（回数）
② 尿の色の濃さ
③ 涙の有無
④ 皮膚の乾燥

尿の量が少なく１日１回未満、尿の色が濃くきつい臭いがするときは、脱水が進んでいる可能性があります。

①②を記録しつつ、早めの受診を心がけてください。

③涙が出ていない、④皮膚が乾燥しているときは、治療が必要な場合もあるため、すぐに受診しましょう。

乳幼児は泣くことでしか痛みを訴えられないので、いつもと違う様子に注意

6 痛み

痛みは、部位や病気により、痛み方も治療方法もさまざまです。まだ「痛い」と表現できない乳幼児は、「泣く」ことで家族や小児科医に訴える場合も多くあります。痛みは、そのような状況から、いかに的確な診断をするかがポイントとなります。

小児科医が痛みを診るときに注意するのは、頭痛が起こる髄膜炎や脳出血、腹痛が起こる虫垂炎（盲腸）や腸重積です。数時間続く頭痛や腹痛、嘔吐、けいれんの症状があればすぐに受診してください。

小学校高学年〜中高生の痛みには、胸痛もよくみられます。多くはストレスによる肋間神経痛などで、重篤な病気であることはまれですが、ときに肺に穴があく「気胸」が隠れていることがあります。痛みが続くようであれば病院を受診しましょう。

また成長期は、足の痛みを訴えることも少なくありません。足の動きや触ったときの感覚に異常がなければ、成長痛が考えられますが、もし股関節や膝の痛みが続くようであれば、股関節炎や膝関節炎の可能性もあるので、整形外科を受診しましょう。

もしかしたら、この病気かも？

子どもが痛みを訴えたときに考えられる病気をフローチャートにまとめました。
かかりつけ医の診察を受けた方がいいか、夜間・休日診療に行った方がいいか
救急車を呼んだ方がいいか迷った際の参考にしてください。

痛がる

部位・手足

- **手**
  - 肘内障（P146へ）
  - 手足口病（P67へ）
- **足**
  - 股関節炎・膝関節炎（P40へ）
  - 成長痛（P40へ）
  - 手足口病（P67へ）

部位・体

- **胸**
  - 肋間神経痛（P40へ）
  - 気胸※3（P40へ）
- **腹部**
  - 感染性胃腸炎※4（P112へ）
  - 腸重積（P122へ）
  - 虫垂炎（P43へ）
  - 過敏性腸症候群（P182へ）
  - 食物アレルギー※5（P108へ）
  - アレルギー性紫斑病※6（P118へ）

部位・頭と首

- **頭部**
  - インフルエンザなどの感冒（P80へ）
  - 副鼻腔炎（P127へ）
  - 片頭痛（P127へ）
  - 打撲（脳出血）※1（P142へ）
  - 髄膜炎（P82へ）
- **首**
  - おたふく風邪（P94へ）
  - 頸部リンパ節炎（P99へ）
- **目**
  - 細菌性結膜炎（P129へ）
  - 角膜炎※2（P129へ）
- **口**
  - 口内炎（ヘルペス）（P116へ）
  - 溶連菌感染症（P78へ）
  - ヘルパンギーナ（P64へ）
  - 手足口病（P67へ）
  - クループ症候群（P88へ）
- **耳**
  - 中耳炎（P128へ）
  - 外耳道炎（P128へ）

※1 嘔吐を繰り返すようであれば夜間・休日診療へ。けいれん、意識障害（ぼんやりする、すぐ眠る）がある場合は、すぐに救急要請を。
※2 目が痛くて開けられないときは夜間・休日診療へ。
※3 胸の痛みが続くときは夜間・休日診療へ。呼吸が苦しいときは救急要請を。
※4 嘔吐を繰り返して水分がとれない場合は夜間・休日診療へ。けいれんしたら、すぐに救急車要請を。
※5 呼吸が苦しい、繰り返す嘔吐がある場合は夜間・休日診療へ。冷や汗をかいて意識がもうろうとしていたら救急要請を。
※6 腹痛が持続するときは夜間・休日診療へ。

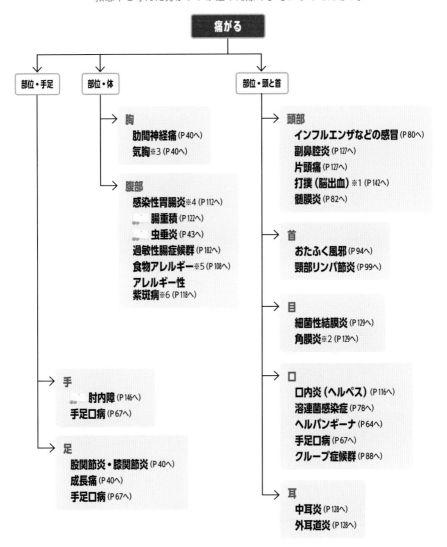

痛みがあるときのおうちケア

頭痛には解熱鎮痛剤が効果的ですが、腹痛は腸の運動を止めないと改善しないこともあります。特徴的な痛みの場合には受診しましょう。

1 泣き方に注意

言葉で痛みを伝えられない赤ちゃんや小さな子どもは、強い痛みを感じたとき、火がついたような泣き方をすることがあります。「いつもの泣き方と違う」と違和感があれば、痛みが起きている可能性がありますから、小児科を受診してください。

2 鎮痛剤は「痛みが出そう」なときに

解熱鎮痛剤は痛みがピークのときに使うより、痛みが出そうな兆しがあるときに使う方が効果的です。ただし、ひんぱんに使うと胃の粘膜が荒れて胃炎が起こり、胃が痛くなることもあるので注意しましょう。子どもに処方されるのは、副反応が少ないアセトアミノフェン（カロナール®など）が主ですが、その分、ほかの鎮痛剤と比べると鎮痛効果が弱いことも覚えておきましょう。

3 持続する痛みは夜間・休日診療へ

風邪を引いている子どもの約30%は頭痛を訴えます。したがって、頭痛を訴えても焦る必要はありませんが、数時間持続する頭痛で嘔吐やけいれんなどの症状があった場合は早めに病院を受診しましょう。また、腹痛において、痛みと痛みのない時間が15分か20分おきに交互に繰り返される場合は、腸の動きに合わせた痛みが考えられます。緊急性があることは多くありませんが、持続的な腹痛に関しては虫垂炎(盲腸)などの可能性もあります。できるだけ早く病院を受診するようにしましょう。

対処に迷ったときは、#8000に電話して

#8000は、子ども医療電話相談のことで、電話をかけると小児科医や看護師が保護者からの相談を受けつけてくれる窓口です。夜間や休日に生じたケガや、病気で診療を受けるべきか迷うとき、「ひどく痛がる」など症状の重さに迷う場合に、適切なアドバイスを受けることができます。ただし、都道府県によってつながる時間帯が異なるため、事前に確認しましょう。

教えて!たけつな先生

「痛い」がいえるのは何歳から?

予防接種をする多くの赤ちゃんが泣くように、痛みの刺激は生まれたときから感じます。では「痛い」と言葉にできるのは何歳からでしょう。私の専門である「頭痛」で調べたところ、最低年齢は1歳6か月、2歳以上はおおむね言葉にできるとわかりました。そのため、2歳以上の子が「痛い」と表現したときは、「かゆい」などと勘違いしているのではなく本当に痛いと感じているようです。

子どもの機嫌、便の様子に注意すれば、家庭で対処可能

7 下痢

下痢は嘔吐と違い、ひんぱんに起きたり、長時間続いたりしていても、水分がとれていて活気があれば、経過観察で差し支えありません。

子どもの下痢は、ノロウイルス、ロタウイルス、アデノウイルスなどのウイルス感染がほとんどですが、食中毒の場合もあります。その際、血便の有無が診断に役立ちます。

ウイルス感染による血便はごく少量である一方、食中毒による細菌感染の場合は、便の全体に血液が混じり、血液の量も比較的多くなります。ちなみに下痢が白色をしているときは、ノロウイルスやロタウイルスが疑われます。

血便が出た場合も、水分摂取と整腸剤で経過を見て問題ありませんが、嘔吐などを伴い水分がとれていないときは、早めに受診しましょう。

感染以外の原因による下痢には、乳幼児のミルクアレルギー、食物アレルギーのほか、小学校以上では周囲の環境から受けるストレスなどで過敏性腸症候群になり、長期間の下痢を起こす子どももいます。長いものでは、数か月〜1年ほど下痢が持続することもあります。

もしかしたら、この病気かも？

下痢をしたときに考えられる病気をフローチャートにまとめました。
自宅で様子を見ていて大丈夫か、かかりつけ医の診察を受けた方がいいか、
夜間・休日診療に行った方がいいか迷った際の参考にしてください。

こんなときは救急車を！

ここに記載した症状のほか、けいれんがある場合は、すぐに救急要請を。

夜間・休日診療へ

下痢症状のほかに繰り返す嘔吐があり、水分がとれないようであれば夜間・休日診療へ。

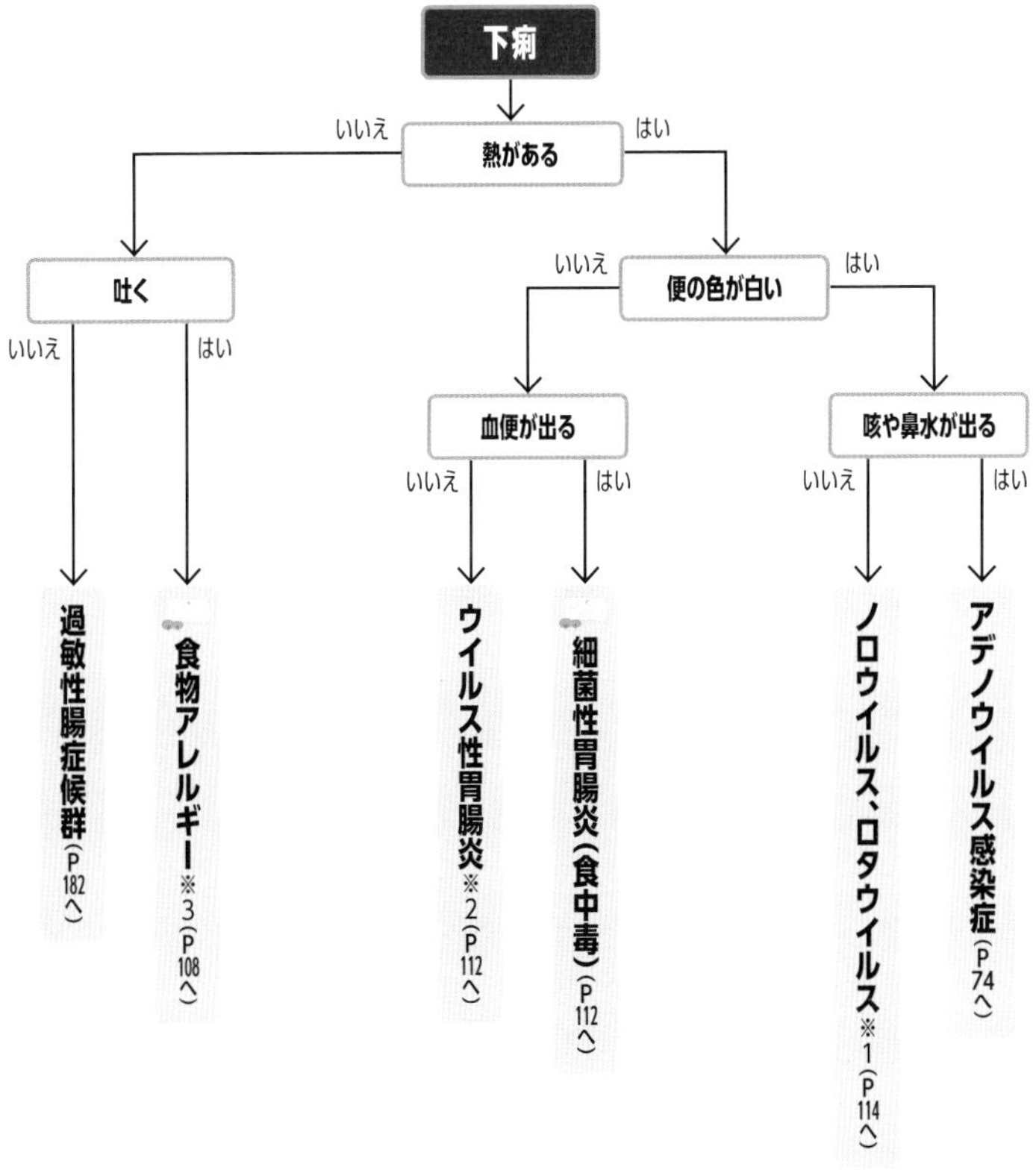

※1　ノロウイルス、ロタウイルスでも、便の色が白くならないこともあります。

※2　ウイルス性胃腸炎でも、便の色が白くなることや、便に少量の血が混じることがあります。

※3　冷や汗をかいて意識がもうろうとしていたら、すぐに救急車を呼んで。また、嘔吐を繰り返して水分がとれない、呼吸が苦しいなどの症状があったら、夜間・休日診療へ。

下痢をしたときのおうちケア

ウイルス性の胃腸炎による下痢は、改善まで2~3週間かかることも。嘔吐などがなく水分がとれていれば問題ありません。

1 おむつかぶれに注意

乳幼児は、下痢によりお尻の皮膚に炎症が起きて、おむつかぶれになることがあります。お湯でお尻を洗う、下痢便が出たらすぐおむつをとり替えるといったことを心がけてあげましょう。

2 消化によい食べものを

乳製品や揚げものなど油っぽいもの、アイスクリームなど冷たいものを食べると下痢が悪化する可能性があります。下痢のときは、うどんやおかゆなどあたたかく消化によいものを食べるようにしましょう。

小児科の診察室から

最近は、子どもの下痢の原因特定を園から指示されることがあるようです。小児科医の立場でいうと、仮にノロウイルスやロタウイルスの感染であっても、下痢で出た水分を補充する、整腸剤で腸内環境を整えるなど治療方法は変わらないので、私としては原因特定の必要性は感じません。またノロウイルスの検査は、自費診療になることがあるので注意しましょう。

3 アレルゲンは控えて

ミルクや食べものなどのアレルギーが疑われるときは、アレルゲンとなっていそうな食べものを控えることで下痢がおさまる場合があります。慢性的に下痢が続くときは、アレルギー検査も検討してみてください。

教えて！たけつな先生

下痢をしているとき離乳食はストップするべき？

嘔吐をしているときには離乳食や固形物をストップする必要がありますが、下痢の場合はその限りではありません。ただし、胃腸炎などの状態では腸が便を押し出す力が弱くなっているため、脂分の多い食べもの、乳製品、冷たいものは控えるようにしましょう。また、離乳食を摂取しているときの下痢では、一段階離乳食を戻すか、ペースト状のものや流動食系のものを中心にしましょう。

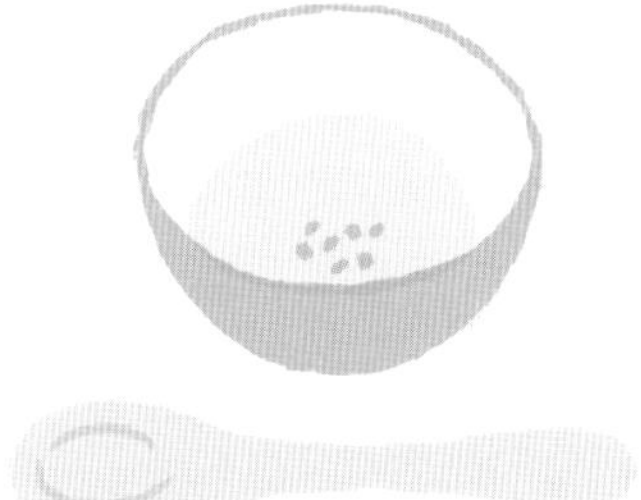

皮膚の表面だけでなく、別の病気が隠れていることもあるので小児科医に相談を

8 湿疹・かゆみ

「湿疹は皮膚科」と考えている方も多いのではないでしょうか。しかし、小児科医は子どもの病気のスペシャリストであり、湿疹についても知識が豊富にあります。

小児科で湿疹を診るときは、皮膚だけでなく胸、おなか、口の中、熱の有無まで確認します。なぜなら湿疹は、水ぼうそうや水いぼ、ヘルパンギーナや突発性発疹、リンゴ病のようなウイルス性湿疹、溶連菌、川崎病といった病気、アレルギーなどで出ることもあり、皮膚だけを見ても診断できないことがあるからです。

湿疹で最も気をつけたいのはアレルギーです。アレルゲンを食べたり吸い込んだりしてアナフィラキシー状態になると、全身の湿疹のほか呼吸困難、血圧低下、ときには意識を失い命の危険もあります。その際は救急車を呼び、治療を受けましょう。

また多くの湿疹には、かゆみがあります。皮膚のかゆみは、〝とびひ〟になったり、不眠や集中力欠如の原因になったり、日常生活に影響が出ることもあります。眠れないほどの強いかゆみは様子を見ずに、夜間・休日診療所などを受診してください。

もしかしたら、この病気かも？

湿疹やかゆみが出たときに考えられる病気をフローチャートにまとめました。
自宅で様子を見ていて大丈夫か、かかりつけ医の診察を受けた方がいいか、
夜間・休日診療に行った方がいいか迷った際の参考にしてください。

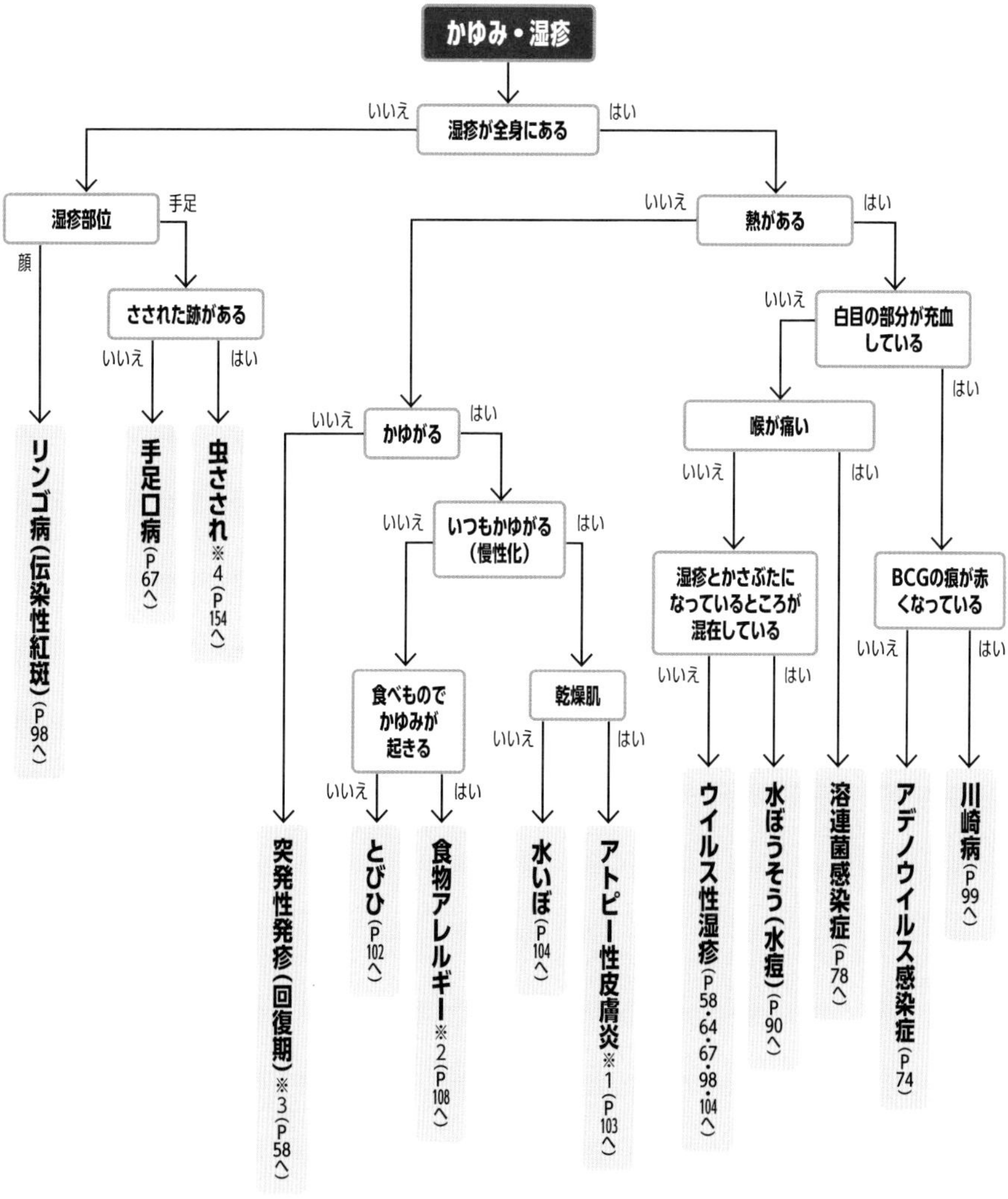

※1 かゆみが強くて眠れないときは夜間・休日診療へ。
※2 冷や汗をかいて意識がもうろうとしているときは救急要請を。嘔吐を繰り返している、呼吸が苦しいときは、夜間・休日診療へ。
※3 けいれんした場合は、すぐに救急車を呼んで。
※4 蜂にさされた場合（2回目以降）は夜間・休日診療へ。

湿疹・かゆみのときのおうちケア

湿疹は、皮膚の乾燥でかゆみが増すことがあります。冬場や、手洗いや消毒をよくする場面ではスキンケアが大切です。

1 冬は特に保湿を

湿度の低い冬は皮膚も乾燥しがちで、湿疹や乾燥肌が悪化する傾向にあります。市販のものや病院で処方される保湿剤で、つねに保湿を心がけましょう。

かゆみは不快感だけでなく、別の病気の原因に

人はかゆいとついかいてしまい、皮膚が傷つきます。蚊に1か所さされただけでも、かきむしった傷が〝とびひ〟に悪化することがあります。アトピー性皮膚炎は、かくと皮膚のうるおいを守るバリアがはがれ、一層かゆみが増して悪循環に陥ります。強いかゆみには塗り薬のほか、抗アレルギー薬などの飲み薬も活用して、かゆみをできるだけ抑えましょう。特に湿疹がひどい場合にはステロイド剤を使用することもあります。

2 かゆいときは入浴を控えて

強いかゆみがあるときに入浴で体温が上がると、血管が拡張することで一層かゆみが誘発されます。これは、血管が拡張すると同時にヒスタミンといわれるかゆみの物質が血管内に放出されるためです。かゆいときはもちろん、広範囲に赤い湿疹が出ているときは、かゆみがなくても入浴を控えてください。

3 かゆみ止めを塗る

かゆみは外用薬で抑えることができます。以前処方された抗アレルギー剤やステロイドの外用薬を塗っても差し支えありません。ただし、処方されてから2か月を超えた、複数の種類を混ぜた外用薬(ステロイドと保湿剤など)は、薬効が落ちている可能性があるので使用は控えて。

4 薬がなければ冷やす

かゆみは、血管の拡張により増します。保冷剤や氷のうなどで冷やすと血管が収縮して改善することがあります。

教えて！たけつな先生

「ステロイド剤」を子どもに使うのは心配なのですが……？

ステロイドは炎症を抑える薬剤で、内服や点滴で使用する方法と、皮膚の炎症に塗り薬として使用する方法の2つがあります。

ステロイドを長期的に内服する場合、身長が伸びないなどの成長障害や肥満といった副反応がありますが、塗り薬はそのような副作用はほぼありません。

また、生まれた直後の赤ちゃんでもステロイドの使用は問題ありません。ただし短期間で使用するようにしましょう。

COLUMN

「夜間・休日診療」「救急要請」ってどうすればいいの?

夜間や休日に子どもが体調を崩すと、慌てて気が動転してしまうことも。
そこで「いざ」というときにどう行動したらよいのか、まとめました。

夜間・休日診療とは?

急病や事故が起こった場合に利用できる診療機関。各市区町村に設置されていることがほとんどです。あらかじめお住まいの地域の夜間・休日診療所を調べて、利用方法を確認しておくといいでしょう。

救急車ってどうやって呼べばいいの?

1 **119番に電話をかける。**
2 **「火事ですか?　救急ですか?」と聞かれるので、「救急です」と伝える。**
3 **電話の相手の指示に従い、質問に答える。**
例:「子どもの熱が下がらず、意識がもうろうとしています」
4 **「場所はどこですか?」と聞かれるので、住所や近くの目印になりそうな建物を教える。**
例:「〇〇町〇〇番地です。近くに〇〇スーパーがあります」
子どもから目が離せない場合を除き、可能であればサイレンが聞こえたら外に出て、自宅まで誘導しましょう。

なにを持っていけばいい?

- **携帯電話**
- **現金**
- **おむつ**
- **哺乳瓶やミルク**
- **タオル**
- **ビニール袋**
- **健康保険証、福祉医療費受給者証**
- **母子健康手帳**
- **おくすり手帳**

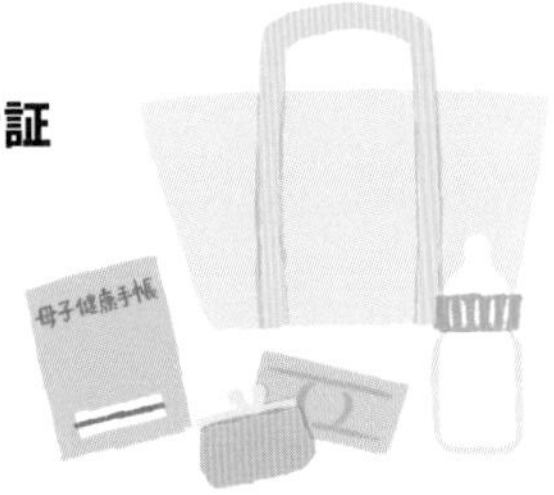

第 2 章

子ども特有の病気&おうちケア

子どもがかかりやすい病気の特徴、かかったときのおうちケアをまとめました。
受診の緊急性がわかるチェックリストも活用して、子どもの健康を守って。

突発性発疹 …… 58
肺炎・気管支炎 …… 60
ヘルパンギーナ …… 64
手足口病 …… 67
熱性けいれん …… 68
てんかん …… 70
アデノウイルス感染症 …… 74
ヒト・メタニューモウイルス感染症・RSウイルス感染症 …… 76
溶連菌感染症 …… 78
インフルエンザ …… 80
髄膜炎 …… 82
脳炎・脳症 …… 84
気管支喘息 …… 86
クループ症候群（急性喉頭炎） …… 88
水ぼうそう …… 90
百日咳 …… 92
おたふく風邪（流行性耳下腺炎） …… 94
リンゴ病 …… 98
川崎病 …… 99
あせも …… 100
とびひ …… 102
アトピー性皮膚炎 …… 103
水いぼ …… 104
じんましん …… 106
食物アレルギー …… 108
感染性胃腸炎 …… 112
口内炎 …… 116
血尿・タンパク尿 …… 118
便秘 …… 120
腸重積 …… 122
尿路感染症 …… 124
花粉症・アレルギー性鼻炎 …… 126
副鼻腔炎（蓄膿症） …… 127
中耳炎 …… 128
結膜炎 …… 129

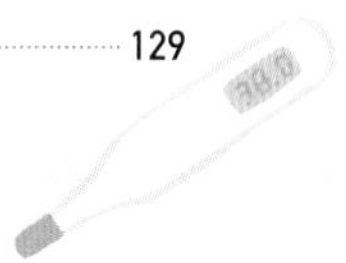

子どもは病気になるのも仕事のうち

国立社会保障・人口問題研究所の２０２１年の調査によると、一人っ子家庭は約19％だそうです。昔は２人きょうだいはあたり前、多いところでは、３人や４人の兄弟姉妹がいるところも少なくありませんでした。

ですが、核家族化や30年に及ぶ経済的不安などによって、一人っ子の家庭は年々増えています。親御さんにとって、たった１人しかいない大事な我が子ですから、ご両親の関心はその子に集中します。

当然、パパやママはその子が熱を出したり、夜になって急に咳《せき》がひどくなったりすると、特にはじめての子どもの場合、どうしていいかわからずに慌てることも多いでしょう。

小児科医の立場からすると、「発熱」「けいれん」「嘔吐《おうと》」以外の症状は緊急性が高くないことも多々あるため、そういった心配はたいていの場合は無用です。とはいえ、子どもは大人より免疫力が低いので、病気になりやすいことも頭の片隅に置いておきましょう。

しかも、子どもの頃にかかっておいた方が、軽くすむ病気もあります。例えば、おたふく風邪は子どもがかかりやすい病気の1つですが、大人になってからかかると重症化しやすくなります。

大人が生きていくために仕事をしなくてはいけないのと同様、子どもも生きていくために幼いうちにかかっておいた方がよい病気もあるのです。つまり、自身の免疫を強化するため**「子どもは病気になるのも仕事のうち」**なのです。

この章では、**子どもがかかりやすいさまざまな病気について、基本情報と医師による治療、おうちでのケア方法をご紹介します。**

かかりつけの小児科の先生に診てもらったあと、夜間に症状が悪化した場合の対処法や受診のタイミングなども、私が診察室で患者さんにお話しするようにまとめました。

また、私が実際に診察してきた経験から、**「救急車を呼ぶか」「夜間・休日診療に行くか」「翌朝、かかりつけ医に行くか」**の参考になるように、「救急ｏｒ病院」というチェックリストも掲載したので、家庭で様子を見るときにお役立てください。

お子さんの体調への不安や心配が、この章を読んで少しでも解消されれば幸いです。

病気の情報をネットで得るリスク

今やほとんどの人がスマートフォンを持つ時代。家族が子どもの健康や発達、病気などで不安になったとき、スマホで検索すれば、いろいろな情報を入手できます。

子どもの体調がすぐれず「病気かな？」と思ったとき、小児科を受診するまでの「応急処置」を知りたいとき、病院で診断してもらったけれど、わからないことがあるとき。

スマホで情報を検索して、ホッと安心した経験がある人もいるでしょう。

でも、その情報は小児科医や看護師だけでなく、保育士、栄養士などさまざまな人が発信しています。**病気についての情報を、専門家でない人が発信していることもあるのです。**

そして、発信者が医師であったとしても、実は小児専門の医者でなく、皮膚科の先生や、ときにはまったく子どもを診ない内科の先生というケースもまれではありません。

つまり、情報は簡単に手に入っても、**その情報が正しい情報なのか、信用できる情報なのかをジャッジするのは、情報を手に入れた家族ということになります。**

家族が誤った情報を信用したために、子どもの病気がなかなか治らなかったり、逆に症状が悪化したりするケースもあるので、情報の選択には注意が必要です。

では、「正しく」「安全な」情報を入手するには、どうしたらいいのでしょうか。

小児科医が発信している情報でも、RSウイルスやヒト・メタニューモウイルスの検査を積極的にするかしないか、食物アレルギーの子どもの血液検査のタイミングなど、小児科医によって考え方が違うことがあります。

実際に、たけつな小児科クリニックの近隣に小児科がいくつもありますが、治療方針や検査のタイミングは千差万別です。だからこそ、「かかりつけ」の情報が一番なのです。

私の友人は、ときどき「うちの子どもの手足に湿疹《しっしん》ができたんだけど、これなに?」といったメッセージとともに、スマホで撮った写真をLINEで送ってきます。

こんなふうに、思いたったらすぐに情報を得られて「ホッとする」。本書が、友人と私の関係のような「ホッとライン（Hotline）」になってくれることを願っています。

ほとんどの子の「病気デビュー」はこれ

突発性発疹《とっぱつせいほっしん》

突発性発疹は、HHV－6（ヒトヘルペスウイルス6型）またはHHV－7（ヒトヘルペスウイルス7型）に感染することで発症します。以前は2歳までにほぼ全ての子どもがかかっていましたが、最近は2歳以上でかかるケースも増えています。

HHV－7の感染による突発性発疹は、2歳以上でもかかり、2回感染する子どももいます。

突発性発疹は、3～5日程度、39～40℃の高熱が持続し、解熱後に全身に湿疹が出ます。高熱のわりに、比較的元気な子どもが多くみられます。

湿疹は、少し赤みがかった細い網目状でかゆみはなく、数日で消失します。発熱と湿疹以外に、咳や鼻水、下痢の症状を合併することもあります。

かかりやすい時期	かかりやすい年齢
通年 ※夏にやや多い	2歳まで ※原則1回
潜伏期間	**回復までの日数**
10日程度	1週間
登園・登校	**予防接種**
定めなし	なし

救急 or 病院　チェックリスト

救急車を ★★★　夜間・休日診療へ ★★☆
かかりつけ医の診察時間に受診 ★☆☆

- □ 39℃以上の高熱があり、水分摂取ができずぐったりしている ★★★
- □ けいれんが起きた ★★★
- □ 嘔吐を繰り返している ★★☆
- □ 発熱が5日以上続いている ★☆☆

治療

突発性発疹に対する特効薬はありません。症状に応じて、解熱剤や抗けいれん薬などを処方します。

おうちケア

・発熱が長引いたら病院へ

突発性発疹の原因はHHV－6とHHV－7によるウイルス感染のため、自身の免疫力で治癒します。しかし、高熱が5日以上持続することもあるため、子どもが元気でも熱が2～3日続いた場合は小児科を受診しましょう。

・少しずつでも水分摂取を

高熱を伴う発汗などで水分摂取ができない場合には、脱水になるおそれがあります。少しずつでもいいので水分をとることが大切です。

・けいれんしたら救急車を

発熱中にけいれんを起こした場合は救急車を呼びましょう。突発性発疹が引き起こす熱性けいれんは、15分以上と長時間けいれんが持続したり、手足の震えが左右非対称だったりと、複雑型の熱性けいれんが起こることもまれではありません。

小児科の診察室から

突発性発疹は、39℃を超える高熱が出ることもありますが、ミルクの飲みや機嫌がよい場合も比較的多くみられます。一方でとてもぐずる場合もあり、解熱後に湿疹が出て突発性発疹だと診断されることもあります。特に1歳未満で高熱を伴うけいれんが起きた場合は、ただちに小児科医を受診するか、救急車を呼ぶなどで対応しましょう。

炎症部位ごとに病名が変わり、原因も違う

肺炎・気管支炎

肺は左右に1つずつあり、全身に空気を送っています。口から声を出す声帯までを上気道、声帯より肺の先までを気管支といい、ここに炎症が起こった場合を気管支炎、肺炎と呼び、気管支の先端部分に起こった炎症を、細気管支炎と呼んでいます。

気管支炎、肺炎、細気管支炎の診断は呼吸の音のみでは判断ができないことが多々あります。これらの病気の診断は、胸のレントゲンを撮ることで判断できます。

気管支炎、肺炎になると、朝に熱がなく、夜になると高熱が出る、1日の体温の差が1℃以上ある弛張熱《しちょうねつ》という熱のパターンが特徴的です。

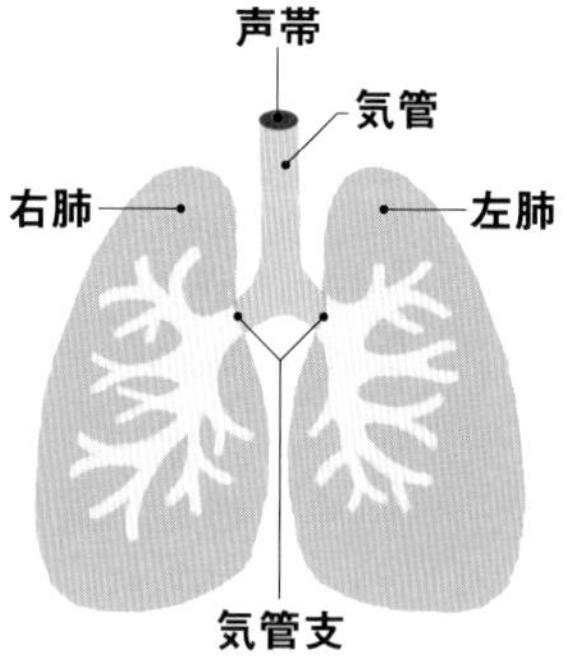

救急 or 病院　チェックリスト

救急車を ★★★　夜間・休日診療へ ★★☆
かかりつけ医の診察時間に受診 ★☆☆

- □ 咳が止まらず、眠れない ★★☆
- □ 肩で呼吸をしている、胸（鎖骨）がペコペコしている ★★☆
- □ 肺の音がヒューヒューしている ★★☆
- □ 顔色が悪く、ぐったりしている ★★☆
- □ 1日を通して1℃以上の差がある熱が続いている ★☆☆

治療

気管支炎から肺炎まで症状が悪化すると、発熱が持続し自身の免疫力で治癒せず、抗生剤の治療が必要となる場合もあります。

おうちケア

・加湿をしましょう

よく小児科で吸入器から出る煙を吸っている光景を目にすると思います。気管支だけでなく、喉の粘膜も湿度の高い方が咳の出る頻度が減少するため、加湿器や枕元に濡れタオルを使って部屋を加湿するように心がけましょう。

・体を起こすと呼吸が楽に

人は横になると肺の広がりが妨げられます。そのため痰《たん》などがたまりやすく、呼吸がしにくくなることがあります。少し体を起こし、座る体勢をとらせることで、重力によって肺が広がり、咳などの症状が緩和されることもあります。

小児科の診察室から

熱が出たり引いたりする場合、気管支炎や肺炎、血液に細菌が入る敗血症、尿路感染症、中耳炎の可能性があります。熱がなくても咳がひどくて眠れない場合も、早めに受診しましょう。1歳未満で「ヒューヒュー」という呼吸音がある場合は、気管支が腫れて空気の通りが悪くなっているので、酸素吸入のために入院が必要なケースもあります。

気管支炎、肺炎、細気管支炎、喘息《ぜんそく》性気管支炎、上気道炎の違いは？

●気管支炎

気管支炎はヒブ（インフルエンザ桿菌《かんきん》）や肺炎球菌による細菌感染をはじめ、インフルエンザなどのウイルスが気管支で炎症を起こし、熱や咳の症状を引き起こすものです。

気管支炎でも呼吸音に異常がない場合がありますが、炎症が強くなり、痰などが絡みやすくなるとゴロゴロといった呼吸音の異常が出ることもあります。

炎症が強いほど気管支粘膜の腫れにより痰が絡むので、ゴロゴロと音がする場合には、気管支炎が疑われます。

●肺炎

肺炎は気管支炎が悪化した状態です。1日に1℃以上差がある発熱が特徴的で、気管支炎よりも活気がなくなることが多くみられます。治療は、肺炎を起こす菌の種類によって異なりますが、入院での治療が必要な場合もあります。痰の絡んだ咳があり、ぐったりしているときには小児科を受診しましょう。

肺炎を起こす代表的な菌はヒブや肺炎球菌などの細菌のほかにマイコプラズマがあります。マイコプラズマは自身の免疫で治ることが多いですが、肺炎を起こすと長期間熱が持続したり、ときには咳が数週間にわたって続くことがあります。

●細気管支炎

細気管支炎ではゴロゴロといった音ではなく、喘息のときの症状に近いヒューヒューという音が聞こえる場合が多く、鼻水、咳、発熱が主な症状です。

特に乳幼児が細気管支炎にかかると呼吸困難となる場合があるため、入院して治療をする必要もあります。

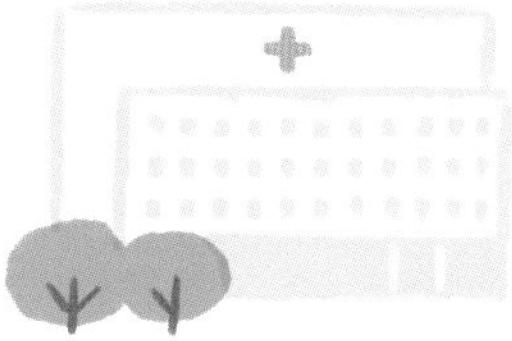

●喘息性気管支炎

喘息性気管支炎は気管支の粘膜が腫れることで、気管支の径が小さくなり、ヒューヒューという音が聞こえる状態をいいます。年齢が上がることで気管支の径が大きくなり、症状は出なくなります。

●上気道炎

上気道炎は唇から声を出す声帯まで炎症が起こった状態で、咽頭炎《いんとうえん》（喉の奥の炎症)、扁桃炎《へんとうえん》（扁桃腺の炎症)、喉頭炎《こうとうえん》（声帯の炎症、別名クループ症候群）の総称です。

扁桃炎を起こす原因としては、溶連菌やアデノウイルスなどが代表的です。

喉頭炎を起こす原因としてはインフルエンザに似た高熱が5日から7日間持続するパラインフルエンザウイルスなどがあります。

これらの症状として咳·鼻水に加え、喉の痛みが伴うことがあります。

風邪の一種で、口の中に痛みを伴う

ヘルパンギーナ

ヘルパンギーナは、コクサッキーウイルス、エンテロウイルスなどによって起こります。

主に夏に流行のピークを迎え、まれに冬でもかかることがあります。

ウイルスが唾液などで口腔内に入ることにより感染します（飛沫《ひまつ》感染、経口感染）。

ヘルパンギーナは口の中に口内炎ができたり、喉の奥の粘膜がただれたり、口の中の痛みを伴うことが特徴です。

発熱や咳、鼻水、下痢といった風邪症状のほか、発熱時にけいれんを起こすこともしばしばみられます。

症状が出てから治癒までは3日から7日程度ですが、口の中の痛みによって食事ができない場合などは治癒するのに1週間以上かかる場合もあります。

ウイルスによって引き起こされるため、特別な治療は必要なく、自然軽快します。

かかりやすい時期	かかりやすい年齢
7〜9月	全年齢
潜伏期間	回復までの日数
2〜4日	3〜7日程度
登園・登校	予防接種
不可 ※発熱や口腔内の潰瘍・水疱がおさまれば可	なし

救急 or 病院 チェックリスト

救急車を ★★★　夜間・休日診療へ ★★☆
かかりつけ医の診察時間に受診 ★☆☆

- □ 発熱を伴ったけいれんがあった ★★★
- □ おしっこの回数が減っている ★★☆
- □ 嘔吐を繰り返している ★★☆
- □ 口の中が痛くて、ものが飲み込めない ★☆☆
- □ 水分が摂取できない ★☆☆

治療

ヘルパンギーナもウイルスによる風邪の一種なので、自然治癒で回復します。

口内炎や喉の痛みで食事がとれないことも。

こんなときはすぐに救急車を!

・けいれんしている

ヘルパンギーナを起こすウイルスは脳などの神経に影響を及ぼします。ときには熱性けいれんを起こすこともあります。
けいれんが起きたら救急車を呼びましょう。

教えて!たけつな先生

熱は下がったけど口内炎はある。登園OK?

ヘルパンギーナは学校保健法で登園・登校基準が定められていて、「発熱や口腔内の潰瘍《かいよう》・水疱《すいほう》の影響がなく、普段の食事がとれること」とされています。口内炎が残っている状況で、ご飯が通常通り食べられていない場合は、痛みなどの症状が残っている可能性もあるので、登園・登校は控えるようにしましょう。

おうちケア

・うがい、手洗いは有効です

ヘルパンギーナはウイルスが口の粘膜に付着・侵入して感染します。家族や園にヘルパンギーナの患者がいる場合には、念入りにうがいや手洗いをすることが大切です。

大人にも感染するため、食器などを共用しないように注意して。

・口あたりのいい食事を

ヘルパンギーナの特徴は口腔粘膜に潰瘍・水疱ができ、口の中が痛くて、食事や水分がとりにくくなることです。したがって、脱水や栄養不良を起こさないためにも、スープやゼリーなどの流動食系の食べものを。アレルギーや下痢がなければアイスは刺激が少なく、栄養価も高いのでおすすめです。

・口の中が痛いときは痛み止めを

うがいなどでも口の痛みはやわらぎますが、うがいをしても痛みが止まらない場合は解熱鎮痛剤を使います。痛みがやわらいでいるうちに水分や食事を少しでもとらせましょう。

教えて！たけつな先生

早く治す方法はある?

ヘルパンギーナは口の粘膜がただれるので、粘膜の修復を助けるためにビタミンをとるといいでしょう。ビタミンCが含まれるオレンジジュースがおすすめですが、酸味で口の中が痛くなることもあるので、野菜ジュースなどで代用してもいいでしょう。

風邪の一種。湿疹は手足口のみに出現

手足口病《てあしくちびょう》

手足口病は、ヘルパンギーナと同じコクサッキーウイルス、エンテロウイルスなどによって起こります。流行のピークは夏で、まれに冬にかかることがあります。

手足口病の湿疹は、病名の通り手足口に出現します。

手のひらや足の裏は、少し硬めで隆起した水疱が多数みられ、すねや腕などに出ることもあります。引っかくと〝とびひ〟になることがあるので注意しましょう。おなかや背中に湿疹が出ることはありません。

口の中は、口内炎や喉の奥の粘膜がただれ、痛みがあります。口あたりのよい食べものや鎮痛剤を使って、栄養や水分をとりましょう。

基本的には、ウイルス性の風邪なので特別な治療は必要なく、湿疹は自然治癒で回復します。

かかりやすい時期	かかりやすい年齢
夏	5歳以下

潜伏期間	回復までの日数
1〜5日	1週間程度

登園・登校	予防接種
不可 ※発熱や口腔内の潰瘍・水疱を伴う場合	なし

救急 or 病院　チェックリスト

救急車を ★★★　夜間・休日診療へ ★★☆
かかりつけ医の診察時間に受診 ★☆☆

- □ 発熱を伴ったけいれんがあった ★★★
- □ 嘔吐を繰り返している ★★☆
- □ 口の中が痛くて、ものが飲み込めない ★☆☆
- □ 水分が摂取できない ★☆☆

けいれんを起こしたらすぐに救急車を！

熱性けいれん

子どもは脳の未熟性から発熱時にけいれんを起こす場合があります。主に生後6か月から7歳未満で発症し、10人に1人が熱性けいれんを起こすといわれています。

熱性けいれんを起こしたことのある家族がいる場合は、熱性けいれんを起こす頻度が高くなります。

熱性けいれんを起こす主な原因はインフルエンザウイルスや突発性発疹（ヒトヘルペスウイルス）、手足口病（コクサッキーウイルス）などです。

しかし、予防接種の副反応で発熱した場合などでもけいれんを起こすことがあります。

けいれんは、意識がなくなる、呼吸が乱れるほか、両手足の震えや目の焦点が合わなくなる症状が出ますが、多くは5分以内でおさまります。

しかし、唇の色が紫になったり、顔色が真っ青になったりした際には注意が必要です。

救急 or 病院　チェックリスト

救急車を ★★★　夜間・休日診療へ ★★☆
かかりつけ医の診察時間に受診 ★☆☆

- □ けいれん中に顔色が悪くなる、唇の血色がなくなる ★★★
- □ けいれんが15分以上続いている ★★★
- □ 嘔吐を繰り返している ★★☆
- □ はじめてのけいれん ★★☆
- □ けいれんが15分以内で消失してから泣いている ★☆☆
- □ 過去に熱性けいれんを繰り返し、発作がおさまったあとも意識の混濁がない ★☆☆

かかりやすい時期	かかりやすい年齢
通年	7歳未満

治療

けいれんの原因を考えることも大切ですが、発熱の原因を突き止めることがより必要となります。

なお、発熱時の熱性けいれんを予防するため、抗けいれん剤（ジアゼパム：ダイアップ®）を使用します。

・発熱時のジアゼパム（ダイアップ®）の発作予防は複雑型のみ

熱性けいれんには、けいれんの持続時間が短い（15分未満）単純型と、けいれんの持続時間が長い、けいれん中の力の入り方が左右非対称な複雑型の2つがあります。複雑型のけいれんにのみ、38℃以上の発熱時に抗けいれん剤を使います。

おうちケア

・迷ったら救急車を

けいれんを起こしたあと、呼びかけに反応しない、ぐったりしているなどの症状が見られた場合は、迷わず救急車を呼びましょう。

・けいれん後に意識は戻ったのに、腕や足の一部が動かない

意識があればけいれんはおさまっていますが、けいれん後、腕や足の一部が動かない場合があります。これは「Todd《トッド》まひ」といわれる状況で、時間経過とともに症状は改善します。しかし、可能であれば入院して経過観察する方がよいでしょう。

小児科の診察室から

不謹慎な例えですが、けいれんは「地震」と同じで、本震が起こったのちに余震が続くことがあります。余震による2回目の本震を予防するために、けいれんを止める座薬を使います。特にけいれんが起こってから24時間は反復する可能性があります。約8時間後に発熱がある場合には、けいれん予防としてもう1本けいれん止めの座薬を使ってください。

治療を始めたら薬の飲み忘れに注意

てんかん

てんかんは、①発熱を伴わないけいれんがあり、かつ②脳波で異常がみられた場合に診断に至ります。

てんかんの症状は熱性けいれんのように意識がなくなり、腕や足がガクガクする場合や、数秒から数十秒動作が止まっている場合、意識はあるものの手足がぴくぴくしている、また一部の腕や足が動かないなどさまざまです。

本来意図しない動作や意識消失が引き起こされ、それらの症状は電気刺激の広がる範囲や場所によって変化します。

てんかんは、子どもでは100人に1人の割合で発症します。そのうちの6~8割は脳の成熟に伴い治癒しますが、残りの2~4割の子どもは症状の完治が難しく、長くつき合っていかねばならない病気となります。

また、てんかんに似た症状として、乳幼児では激しく泣いたあとに発熱がなくても、意識がなくなる憤怒《ふんぬ》けいれんがあります。頻繁に起こる場合は脳波検査を検討しましょう。

救急 or 病院 チェックリスト

救急車を ★★★　夜間・休日診療へ ★★☆
かかりつけ医の診察時間に受診 ★☆☆

- □ けいれん中に顔色が悪くなる、唇の血色がなくなる ★★★
- □ けいれんが15分以上続いている ★★★
- □ 嘔吐を繰り返している ★★☆
- □ けいれんが15分以内で消失してから泣いている ★☆☆
- □ 過去に熱性けいれんを繰り返し、発作がおさまったあとも意識の混濁がない ★☆☆

治療

　てんかんの診断には、脳波の検査が有効です。脳波は、頭に多くの電極をつけて30分程度記録します。じっとしていられない乳幼児などは睡眠導入剤を使用する場合もあります。

　てんかんの治療は日常生活で発作を起こさないようにするためで、脳波の異常を消すことではありません。

　脳波の異常を持つ人は10人に1人程度いるといわれますが、脳波に異常を持つ人全員がてんかん発作を起こすわけではありません。

　治療方法は、抗てんかん薬の内服を最低3年間行い、そのあとは脳波や発作の頻度をみて、抗てんかん薬を内服する期間を決定します。

おうちケア

・早寝早起きを心がける

　脳波の異常は、寝入りばなと、起きがけのボーッとした時間によく現れます。睡眠不足になると、ぼんやりしやすくなるので、てんかん発作を誘発します。早寝早起きを心がけ、睡眠時間はしっかり確保しましょう。

・薬の飲み忘れに注意

　一部の抗てんかん薬は、血液検査で薬の有効濃度をみながら量を調節しています。そのため、薬を飲み忘れると血液中の薬の濃度が低下し、てんかん発作を引き起こす恐れがあります。薬は決められた時間に必ず飲むように心がけましょう。

てんかんの診断

　脳のさまざまな情報伝達は、脳が出す電気刺激によって行われます。そのため、てんかんの診断には脳波検査を行います。脳波検査では、脳の異常な電気信号の有無と異常な電気信号の広がりを調べます。この広がりを波紋に例えると、波紋の範囲のみ影響を受けるものを焦点発作（図①）、脳全体が影響されるものを全般発作（図②）と呼びます。

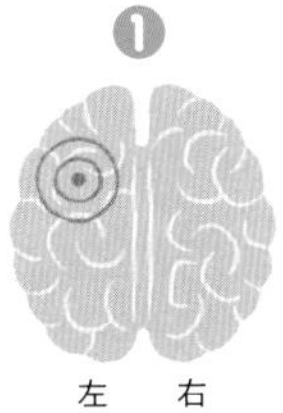

焦点発作の症状
- 意識は保たれる
- 体の一部が動かないなど（放電が起きた場所とその周辺の脳がつかさどっている身体機能が影響を受けるため）

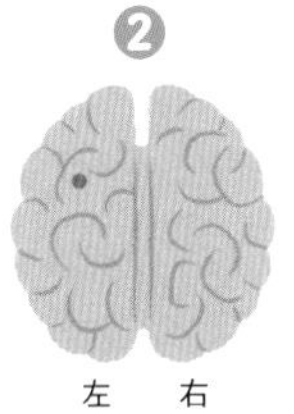

全般発作の症状
- 意識がない
- 全身がガクガクする

COLUMN

薬のお悩み相談室①

まだ離乳食の子に薬を飲ませるのって、どうやるの？　嫌がったらどうするの？
そんな、薬の飲ませ方についての、よくあるお悩みにお答えします。
薬と一緒にばい菌まで飲ませては大変なので、薬をあげる前は必ず手洗いを！

Q. 内服薬と座薬の使い方を教えてください！

A 粉薬は……

そのままでは飲めないので、嫌がらずに飲ませる工夫が必要です。少量の水で練ってかたまりにし、子どもの口の中、上あごや頬の裏側に貼りつけます。嫌がるようであれば、市販の服薬ゼリーに混ぜてもいいでしょう。

A 水薬（シロップ）は……

甘みがついているので、赤ちゃんも嫌がることなく飲んでくれます。1回の指定量を守り、スポイトに入れてゆっくりと流し込みます。そのほか、乳児であれば、哺乳瓶の乳首に入れる、離乳食以降であれば、パンなどに浸してもいいでしょう。甘くて飲みにくいようなら、水やジュースで薄めても大丈夫です。

A 座薬は……

座薬は薬の成分が腸から直接吸収されるので、効き目が早いのが特徴です。指定された量（半分、2／3量など）をカッターなどで切って使用します。残った薬は捨てます。お尻に入れるときは、怖がらずに肛門の奥まで挿し入れましょう。座薬を入れたら、しばらく肛門に蓋をするように指で押さえ、薬が出てしまうのを防ぎます。

Q. 内服薬と座薬の保管方法は?

A　内服薬は常温で。座薬は冷蔵庫へ

内服薬は、原則常温保存で大丈夫です。粉薬は湿気で固まる可能性があるので、金属の缶にシリカゲルなどの除湿剤を入れたところで保管することをおすすめします。座薬を冷蔵庫で保管する目的は、肛門に入れやすくするためです。熱で溶ける可能性があるので、冷やすことでそれを防ぎます。

余った薬を「もしも」のとき用にとっておいていい?

子どもの薬の場合、年齢に応じて容量が違うことがあります。また、使用期限もさまざまなので、余った薬を次回飲ませることは控えましょう。薬が余ったら、処方してもらった調剤薬局に相談してもよいでしょう。

教えて！たけつな先生

薬はなにかに混ぜて飲んでもいいですか?

薬は飲むことによってはじめて効果が出るため、飲めなければ本末転倒です。よく家族から薬はなにかに混ぜてもいいかという質問をいただきますが、風邪などで出る薬に関してはなにに混ぜても差し支えないことがほとんどです。味の薄いイオン水などでは苦みをやわらげることが難しいときもあり、私はアレルギーや下痢などの胃腸症状がなければ、練乳やチョコレートに混ぜて飲むことをおすすめしています。

さまざまな症状を持つ夏風邪の原因

アデノウイルス感染症

アデノウイルスは夏風邪の一種で、50種類以上の型があり、ウイルスの型によって症状が異なります。プール熱や、結膜炎も、アデノウイルス感染症の1つです。

主な症状は39℃から40℃の高熱と目の結膜や喉の粘膜の炎症ですが、ときに高熱を伴った下痢、嘔吐などの胃腸炎を引き起こすこともあります。

臨床経験ではアデノウイルスはほかの風邪ウイルスと異なり、5~7日程度発熱が持続します。ウイルス感染であるため、発熱時の解熱剤や下痢の際には整腸剤を内服するなど症状に応じた治療を行います。

・プール熱（咽頭結膜熱）

プール熱の特徴は高熱と喉の痛み、目の結膜充血です。39℃から40℃の発熱が3~5日持続し、1週間高熱が持続する場合もあります。

・流行性角結膜炎（はやり目）

両方の目が真っ赤になり、その症状が2週間持続することもあります。

救急 or 病院　チェックリスト

救急車を ★★★　夜間・休日診療へ ★★☆
かかりつけ医の診察時間に受診 ★☆☆

- □ 5日以上高熱が持続している ★☆☆
- □ 嘔吐を繰り返している ★★☆
- □ 結膜炎症状がある ★☆☆

かかりやすい時期	かかりやすい年齢
夏	全年齢
潜伏期間	**回復までの日数**
2～14日	10日程度
登園・登校	**予防接種**
不可 ※結膜症状の改善からおおむね2日たてば可	なし

治療

アデノウイルスも風邪の一種なので、自然治癒します。

おうちケア

・積極的な水分補給を

39℃から40℃近い高熱が持続することが多いので、熱とともに汗として体内から水分が失われやすい傾向があります。できる限り水分の摂取を行いましょう。

・胃腸炎の症状があるときは整腸剤を内服し、食事にも注意

アデノウイルスは複数の臓器に影響を及ぼし、ときに下痢、腹痛などの症状が出る場合があります。そのときは整腸剤を飲ませ、消化の悪い食べものや乳製品、脂っぽいもの、冷たい食べものは控えるようにしましょう。

・タオル、食器は共有しない

アデノウイルスは非常に感染性が強く、タオル、食器を共有することで家族に感染する場合もあります。

料理をとり分ける際は、とり箸を使うといった工夫が必要です。

結膜炎を起こしている場合にはタオルの共有は控えましょう。

小児科の診察室から

アデノウイルスは39～40℃の高熱が1週間持続することもあります。そのため、水分摂取が少ないときや活気のないときには、ためらわずに解熱剤を使用しましょう。

なお、自分の免疫力で治癒するウイルスのため、必ずしも検査で陽性を確定させる必要はありません。

比較的新しい風邪の仲間

ヒト・メタニューモウイルス感染症・RSウイルス感染症

かかりやすい時期	かかりやすい年齢
冬	生後6か月～2歳
潜伏期間	**回復までの日数**
4～6日	1～2週間
登園・登校	**予防接種**
定めなし	あり ※シナジス（在胎36週未満児のみ、RSウイルス感染予防に接種）

ヒト・メタニューモウイルスは2000年に入ってから発見された比較的新しい風邪の原因ウイルスです。

症状はRSウイルスによく似ており、数日間続く発熱や、咳、鼻水が出現することが多いです。

症状が悪化した際には、ゼーゼーという喘鳴《ぜんめい》や、呼吸が苦しくなることもあるので、その際は再度医療機関を受診するようにしてください。

ヒト・メタニューモウイルス感染症も、RSウイルス感染症も、ウイルスによる風邪なので、基本的には自身の免疫力で自然治癒します。

そのため、抗生剤による治療は原則必要ありません。ただし、重症化した際には細菌による二次感染もあり、抗生剤による治療が必要になることがあります。

ヒト・メタニューモウイルスの検出は、RSウイルスやインフルエンザウイルスと同様に、迅速検査キットを使用して調べます。

救急 or 病院　チェックリスト

救急車を ★★★　夜間・休日診療へ ★★☆
かかりつけ医の診察時間に受診 ★☆☆

- □ 哺乳力が弱くなっている　★★☆
- □ 咳がひどく眠れていない　★★☆
- □ ヒューヒューゼーゼー音がひどい　★★☆
- □ 肩で息をしている　★★☆
- □ 1歳未満　★☆☆

治療

風邪の一種なので、治療は対症療法になります。原則的に、抗生剤などで症状を改善することは困難です。

おうちケア

・咳がひどいときは体を起こす

横になると肺の広がりが悪く、息苦しくなることも。その場合は、体を起こすと楽になります。

背中にクッションなどを挟んで、少し体を起こして。

・加湿をする

喉から気管支にかけて感染する原因菌には、加湿は症状を改善させる方法として有効です。加湿器を使うなどして、部屋の湿度を高めると症状の緩和が期待できます。

・鼻水を吸ってあげる

感染すると、痰がからんだ咳や鼻水が多くなります。鼻から垂れたり、流れたりするくらいの鼻水のときは鼻吸い器で鼻水をとってあげても（使い方は26ページ参照）。

ただし、子どもは泣くことで鼻水が出るため、睡眠がとれているなど全身状態が良好であれば、無理に鼻吸いをする必要はありません。

小児科の診察室から

ＲＳウイルス、ヒト・メタニューモウイルスが流行すると、保育園や幼稚園から登園を許可するための検査を依頼される場合があります。しかし、２歳以上では症状が悪化する可能性も低いため、必ずしも検査をする必要はありません。

舌が真っ赤なイチゴ状になるのが特徴

溶連菌感染症

溶連菌感染症（以下、溶連菌）はA群β溶血性連鎖球菌という細菌によって引き起こされる感染症です。

溶連菌の主な症状は喉の痛みと発熱です。特に扁桃腺が大きい子どもは複数回溶連菌に感染する場合もあるため、喉の痛みを訴えた場合は溶連菌を疑う必要があるでしょう。

溶連菌に感染すると全身の淡い湿疹（紅斑）や舌がイチゴのようになる「イチゴ舌」になることもあります。また、頭痛も起きやすくなります。

溶連菌は感染すると、腎臓に合併症（急性糸球体腎炎）が出ることもあります。

溶連菌と診断された場合は10日間の抗生剤の治療が必要となるほか、治療後1か月前後で腎臓への合併症がないか尿検査を行い、血尿がないかを判断します。

治療

溶連菌は、抗生剤がとてもよく効きます。主に抗生剤を内服してから数日で軽快します。

救急 or 病院　チェックリスト

救急車を ★★★　夜間・休日診療へ ★★☆
かかりつけ医の診察時間に受診 ★☆☆

- □ 喉の痛みが強い　★☆☆
- □ 舌がイチゴのようになっている　★☆☆
- □ 全身に淡い赤い湿疹がうっすら広がっている（場合によってはかゆみを伴う）　★☆☆

かかりやすい時期	かかりやすい年齢
冬	2～12歳
潜伏期間	**回復までの日数**
2～5日	1～2日
登園・登校	**予防接種**
不可 ※抗生剤治療開始後24時間を経過し、全身状態が良好であれば登校可	なし

おうちケア

・うがい、手洗いで感染を予防

溶連菌はくしゃみや唾液などで感染します。溶連菌は特に扁桃腺を中心とした喉で菌が増殖するため、うがいによって粘膜での菌の増殖を抑えることができます。うがいは水道水でも十分予防効果がありますが、ポビドンヨード（イソジン®）などを使用すると殺菌効果も加わり、さらなる予防効果が期待できます。

・加湿して喉の乾燥を抑える

加湿には、①喉の乾燥を抑える、②くしゃみなどの飛沫物質の距離を短くするといった効果があり、特に喉で増殖しやすい溶連菌には加湿は有効な予防手段です。

ただし、あまり湿度が高すぎると、結露ができてカビが発生し、二次的な感染のリスクにもなります。湿度調整も忘れずに行いましょう。

・抗生剤はしっかり飲み切りましょう

溶連菌は抗生剤がよく効くため、内服した数日後（早ければ翌日）には症状がおさまる場合があります。

しかし、抗生剤を途中で中断すると、合併症の糸球体腎炎が発症する可能性が高くなります。

症状がおさまっても抗生剤は飲み切りましょう。

小児科の診察室から

溶連菌の治療を行う目的は、腎臓の合併症を予防するためです。症状が軽快し処方された薬が余った場合でも、抗生剤は必ず飲み切りましょう。

腎臓の合併症の有無は、尿検査で判断します。数か月以内に園や健診などでの尿検査がある場合は、そちらで代用してもよいか、主治医に確認してください。

年に2回の予防接種で症状を軽くできる

インフルエンザ

かかりやすい時期	かかりやすい年齢
11〜3月	全年齢
潜伏期間	**回復までの日数**
1〜3日	1週間程度
登園・登校	**予防接種**
不可 ※発症後5日間（発症日を0日とする）かつ解熱後2日たてば可（幼児以下は3日）	あり ※例年10月から12月まで接種 ※13歳未満は2回接種

インフルエンザは、インフルエンザウイルスの感染により引き起こされる、強力な感染症の1つです。

日本ではインフルエンザは11月から3月頃まで流行し、2月の初旬にピークを迎えます。インフルエンザにはいくつかの型があり、例年A型とB型が流行します。

インフルエンザにかかると、3〜5日間38℃以上の高熱が続き、咳や鼻水といった呼吸器症状と、下痢などの消化器症状、頭痛や関節痛がみられ、ぐったりすることもまれではありません。

インフルエンザウイルスは特に脳や脊髄などの神経に影響を及ぼしやすいため、「インフルエンザ脳症」を引き起こすことがあります。

「インフルエンザ脳症」になると、脳の機能が未熟な子どもでは、けいれんを起こしたり、重症化すると意識がもうろうとなったりします。

救急 or 病院　チェックリスト

救急車を ★★★　夜間・休日診療へ ★★☆
かかりつけ医の診察時間に受診 ★☆☆

- □ 発熱を伴ったけいれんがあった　★★★
- □ 意識がもうろうとしている、受け答えがはっきりできない　★★★
- □ 38℃以上の発熱があり、ぐったりしている　★★☆
- □ 家族やクラスメートにインフルエンザにかかっている人がいる　★☆☆

治療

高熱に対する解熱剤は、アセトアミノフェンのみ処方されます。

抗ウイルス剤を使用する場合は、飲み薬と吸入薬、点滴の3種類があります。子どもでは吸入できない場合もあるため、年齢により薬の種類を使い分けます。

ただし、これらの薬はウイルスの増殖を抑える薬なので、どの薬も症状が出てから48時間以内に使用する必要があります。

おうちケア

・こまめな水分補給を

高熱が続くため、水や経口補水液で水分をとって、脱水を予防して。

・けいれん、意識障害は救急車を

インフルエンザは自然に治っていく場合がほとんどですが、けいれんが起きた場合や意識がもうろうとしている場合はインフルエンザ脳症の可能性があります。救急要請を。

・予防接種を受ける

インフルエンザは毎年流行する型が変化するため、毎年予防接種をすることをおすすめします。

かかることの予防だけでなく、けいれんや脳症などの重症化を防ぎます。

小児科の診察室から

脳などに影響を及ぼしやすいウイルスで、7歳以上の子どもでも熱性けいれんを起こす可能性があります。発症から48時間以内にウイルスの増殖を抑える薬（抗ウイルス薬）を飲むことも有効です。ただし、インフルエンザは自然に治癒する病気なので、必ずしも抗ウイルス薬を使う必要はありません。

髄膜炎

生後2か月のワクチン接種で感染予防も

髄膜炎は、脳や脊髄を保護している髄膜にウイルスや細菌が感染し、炎症が起きる病気です。

原因が、ウイルスによるものは「無菌性髄膜炎」、ヒブ（インフルエンザ桿菌）や肺炎球菌などの細菌によるものは「細菌性髄膜炎」といいます。

どちらも症状に大きな違いはなく、発熱、頭痛、嘔吐のほか、咳や鼻水などの風邪症状を併発することもあります。

髄膜炎の頭痛は特徴的で、おへそをのぞく体勢をさせると、首の後ろを痛がって首が曲げられないといった症状があります。

無菌性髄膜炎は多くの場合、治癒後に後遺症が残りません。

一方で細菌性髄膜炎は、治癒後に後遺症でてんかんや運動まひが残ったり、ときに命を落としたりすることもあります。

特に1歳未満の細菌性髄膜炎の致死率は高く、予防のため、生後2か月からヒブワクチンと肺炎球菌ワクチンの定期接種が行われます。

救急 or 病院　チェックリスト

救急車を ★★★　夜間・休日診療へ ★★☆
かかりつけ医の診察時間に受診 ★☆☆

- □ 首を曲げられない頭痛がある　★★★
- □ 3か月未満の発熱　★★☆
- □ 嘔吐を伴った頭痛が続いている　★★☆
- □ ヒブや肺炎球菌の予防接種を完了していない　★★☆

かかりやすい時期	かかりやすい年齢
通年	全年齢
潜伏期間	**回復までの日数**
細菌性 1～14日 無菌性 3～5日	1週間～10日
登園・登校	**予防接種**
不可 ※学校医や医師などから感染の恐れがないと認められるまで出席停止	あり ※ヒブ、肺炎球菌

治療

無菌性髄膜炎は、手足口病やおたふく風邪の原因となるウイルスが引き起こしていることが多く、自身の免疫力による自然治癒を待ちます。

水分がとれない場合は、水分補給を目的に入院して、点滴治療を行います。

細菌性髄膜炎の原因はヒブ、肺炎球菌、大腸菌などです。治療前に腰から髄液を採取し原因菌を特定してから、入院して抗生剤の投与を行います。

ただし特定には数日かかるため、年齢により、はじめに抗生剤の投与を選択する場合もあります。

おうちケア

・生後3か月未満は注意

免疫に守られているはずの生後3か月未満の赤ちゃんが発熱した場合、細菌性髄膜炎の疑いがあるので、すぐに受診を。

・特徴的な頭痛に注意

髄膜炎は、髄膜の圧が上がって脳を圧迫するので、嘔吐を伴った頭痛が起こることがあります。

首の後ろが痛く、
首が曲げられない。

教えて！たけつな先生

無菌性も細菌性も、対処法は同じ？

子どもの髄膜炎の多くは無菌性で、後遺症を残すこともまれです。ほとんどが軽症で治癒しますが、1歳未満の髄膜炎は後遺症が心配な細菌性の場合もあるため、発熱、嘔吐、頭痛がある場合は、すぐに病院へ。無菌性髄膜炎はおたふく風邪、手足口病、インフルエンザが引き金になることも。流行時は髄膜炎も頭の片隅に置いておきましょう。

脳炎・脳症

インフルエンザ脳症は予防接種で重症化を予防できる

かかりやすい時期	かかりやすい年齢
通年	全年齢

潜伏期間	回復までの日数
さまざま ※原因ウイルスにより異なる	さまざま ※原因ウイルスにより異なる

登園・登校	予防接種
定めなし	なし ※インフルエンザの予防接種は重症化予防に有効

脳炎・脳症は、風邪を引き起こすウイルス全てで起こります。脳炎はウイルスそのもの、脳症はウイルス感染により体内に作られた炎症物質が、脳に影響を及ぼすことが原因です。

主な症状には、意識の混濁や意識障害があります。

脳炎は意識障害のほかに発熱も主な症状ですが、重症化すると命を落とす危険性があります。脳症では、インフルエンザウイルスによる「インフルエンザ脳症」が有名です。

脳炎、脳症とも後遺症が残ることがあり、治癒後の経過観察が必要となる場合があります。

治療

脳炎・脳症の診断は、脳波検査、MRIなどの画像検査によって判断できます。

治療は、ステロイドの大量投与、髄液の圧を下げる薬、抗けいれん剤などを使います。

後遺症を認めた場合は、治療が長期に及ぶこともあります。

救急 or 病院　チェックリスト

救急車を ★★★　夜間・休日診療へ ★★☆
かかりつけ医の診察時間に受診 ★☆☆

- □ 24時間以上意識障害が続いている ★★★
- □ インフルエンザなどの予防接種を受けていない ★★☆

おうちケア

・**まずはかかりつけ医へ**

脳波検査やMRIによる診断は、ある程度大きな病院しかできず、緊急的にできないこともあります。

まずはかかりつけ医で、脳炎・脳症の可能性があるか診てもらいましょう。

・**長く続く意識障害は小児科へ**

脳炎・脳症は、意識障害が24時間以上持続するのが特徴です。

ただし8時間程度の持続でも脳波の異常が認められることもあります。受け答えがはっきりしないなどの状態が、数時間でも続いた場合は小児科に受診を。

・**予防接種を受けましょう**

脳症の代表的な原因に、インフルエンザウイルスがあります。2009年に流行した新型インフルエンザでは、季節性インフルエンザに比べて脳症を起こす子どもが増加しました。

予防接種は、脳症を起こさないものではありませんが、重症化予防のためにも受けるようにしましょう。

小児科の診察室から

脳炎・脳症で最も大事な症状は、意識障害があるかないかです。

具体的には意識障害が24時間以上持続することが特徴的で、インフルエンザの際に異常行動がみられるように、脳炎・脳症はすぐに意識が回復しないという特徴があります。後遺症が残る場合もありますので、脳炎・脳症を疑うときは、すぐに小児科を受診しましょう。

温度、湿度を一定に保ち、予防を第一に

気管支喘息

気管支喘息は気管支の粘膜が腫れ、空気の通り道が狭くなって呼吸がしづらくなる病気です。

気管支喘息を起こす原因は埃《ほこり》やダニなどによるアレルギーやウイルスによる感染、気温や気圧の変化による環境因子などです。

「ヒューヒュー」や「ゼーゼー」といった呼吸の音が特徴で、症状が悪化した際には呼吸の回数が多くなったり、咳の回数が多くなる、鎖骨の上や肋骨の下がペコペコしたりすることもあります。

毎年同じ季節に発作が出る、1シーズンに複数回の喘鳴を伴った風邪を引く場合は、気管支喘息と考えていいでしょう。

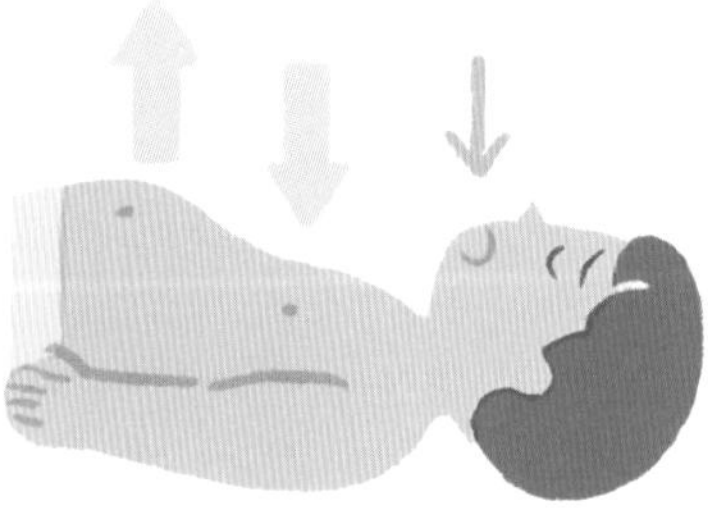

息を吸っても胸のあたりがへこむ
「陥没呼吸」が見られる場合は、
重症の喘息発作の可能性があるので、
すぐに受診を。

救急 or 病院　チェックリスト

救急車を ★★★　夜間・休日診療へ ★★☆
かかりつけ医の診察時間に受診 ★☆☆

- □ 顔色が真っ青、唇が紫になっている　★★★
- □ 肩で呼吸をしている　★★☆
- □ 息苦しくて眠れない　★★☆
- □ 呼吸の音が「ゼーゼー」、「ヒューヒュー」といっている　★☆☆

かかりやすい時期	かかりやすい年齢
秋・梅雨	全年齢 ※うち60％が3歳まで
潜伏期間	**回復までの日数**
なし	1週間程度
登園・登校	**予防接種**
定めなし	なし

治療

気管支喘息の治療は、喘息を起こさないようにする予防治療と、ゼーゼーしている発作時の治療の2つに分かれます。

喘息予防には内服や吸入を行い、発作時には気管支を拡張させる内服や貼付剤などで治療します。治療効果が乏しければ入院してステロイドの点滴や酸素投与で治療を行います。

ただし、気管支喘息はなにより予防が大切です。喘息となる原因をとり除くことを意識しましょう。

おうちケア

しっかりと加湿を

空気が乾燥している状態は、喘息発作を起こしやすくなります。

加湿で埃を舞いにくくするとともに、喉の湿度が上がると、咳も出にくくなるので、冬場の乾燥が強い時期には、特に加湿するように心がけましょう。

息苦しいときは体を起こす

肺は、横になっていると咳込みやすく、痰も絡みやすくなります。すると、喘息発作が起きやすくなるので、ゼーゼー音、ヒューヒュー音が出ている、呼吸が苦しい場合は、体を起こすようにしましょう。

小児科の診察室から

子どもの喘息は症状が急激に悪化することもあり、夜間の気温、気圧の変化の大きいときには注意が必要です。また、症状はゼーゼーする呼吸音が典型的ですが、気管支の空洞が著しく狭くなったときには、むしろ呼吸の音が小さくなる場合があります。ゼーゼー音がなくても、息が苦しいなどの症状があれば、迷わず小児科を受診しましょう。

加湿、水分摂取で症状の悪化を予防

クループ症候群（急性喉頭炎）

クループ症候群はアデノウイルスやパラインフルエンザ、ＲＳウイルスなどのウイルスとヒブなどの細菌が原因で、声を出す声帯（喉頭）が腫れることで症状が出ます。

クループ症候群の症状は、犬が吠えるような「ケンケン」という咳や、オットセイの鳴き声のような「オウッオウッ」という咳（犬吠《けんばい》様咳《ようがい》嗽《そう》）と、喉の激しい痛みが特徴的です。

喉の腫れが悪化すると空気の通り道が狭くなるため、喘息と同様に肺の音がヒューヒューと聞こえる場合があります。

喉の痛みが強くなく、眠れている場合は経過観察も可能ですが、空気の乾燥によって症状が悪化することもあるため、加湿や水分摂取は重要です。

治療を行っても症状の改善がない場合は、入院して喉の炎症を抑える薬の定期的な吸入や、ときには酸素の投与が必要となる場合もあります。

救急 or 病院　チェックリスト

救急車を ★★★　夜間・休日診療へ ★★☆
かかりつけ医の診察時間に受診 ★☆☆

- □ 顔色が悪い ★★★
- □ 肩で息をしている ★★★
- □ 呼吸がしづらい（息が吐き出しづらい） ★★☆
- □ 眠れないほどの咳込み ★★☆
- □ 激烈な喉の痛み ★☆☆

かかりやすい時期	かかりやすい年齢
通年 ※夏にやや多い	生後6か月～6歳
潜伏期間	**回復までの日数**
さまざま ※原因ウイルスにより異なる	3～7日
登園・登校	**予防接種**
定めなし	なし

治療

症状に合わせた治療を行いますが、咳込みがひどく眠れない場合や、呼吸が苦しい場合には、喉の炎症を抑える薬の吸入を行います。

また、症状が強い場合にはステロイドを服用し、喉の腫れを抑える治療が必要となることもあります。

おうちケア

・気管支を広げるテープは逆効果になることも

クループ症候群は声帯の腫れで、気管支拡張剤は声帯から肺側の気管支を拡張するため、テープ（気管支拡張剤）では効果がないことも。

それは、肺に空気を送り込んでも、吸った空気が喉の腫れで吐き出せず、余計に呼吸が苦しくなることがあるからです。

クループ症候群で気管支拡張剤を使用する場合は、喉の治療も並行して行います。

・軽症でも小児科で受診を

クループ症候群特有の咳が出ても、すやすやと眠れていれば夜間や休日診療所を受診する必要はありません。

しかし、突然呼吸が苦しくなったりすることも考えられるので、喉が痛そうな咳が出た場合には、小児科を受診しましょう。

小児科の診察室から

クループ症候群は喉の声帯が腫れることで起こります。乾燥は喉の腫れを悪化させる要因となります。特に冬場や夜は喉が乾燥しやすくなるため、加湿をすることが非常に大事です。

ただし、湿度が上がりすぎて結露ができると、室内にカビが生えるなどの悪影響を及ぼすので、湿度は40～60％程度にしましょう。

かかるのは冬がピーク。夏は汗による強いかゆみに注意

水ぼうそう

水ぼうそうは、水痘帯状疱疹《すいとうたいじょうほうしん》ウイルスが原因の感染症です。

感染から2～3週間で湿疹が出て、赤い斑点状の湿疹から水疱になり、水疱が破けたあとは、かさぶたになってはがれます。

湿疹が出始めた直後は、強いかゆみや発熱を伴うこともあります。

新しい湿疹、水疱が破けた湿疹、かさぶたの湿疹という新旧の湿疹が同時期に全身に出るのが特徴で、湿疹は頭にもできます。

感染経路は、くしゃみなどで飛び散ったウイルスを吸い込むことによる飛沫感染、空気中に浮遊する飛沫核（乾燥したウイルス）を吸い込むことによる空気感染があります。

また、水疱が壊れたときの液体を触ることでも接触感染します。

湿疹は、症状が出始めたあと48時間でピークを迎え、多くは自然に消えてなくなりますが、湿疹の跡が数か月残ることもあります。

かかりやすい時期	かかりやすい年齢
通年 ※夏より冬に多い	全年齢

潜伏期間	回復までの日数
約2週間	1週間程度

登園・登校	予防接種
不可 ※かさぶたの大半がはがれれば可	あり ※水ぼうそう

救急 or 病院　チェックリスト

救急車を ★★★　夜間・休日診療へ ★★☆
かかりつけ医の診察時間に受診 ★☆☆

- □ 2週間以内に水ぼうそう、帯状疱疹の人と接触した ★☆☆
- □ 全身、頭にも湿疹が出ている ★☆☆
- □「新しい湿疹」「水疱が破けた湿疹」「かさぶたの湿疹」が混在している ★☆☆

治療

ウイルス感染が原因なので、自然治癒で治ります。

そのため治療は、かゆみがあれば抗アレルギー剤、発熱には解熱剤といった対処療法が中心です。

症状が出て48時間以内であれば、抗ウイルス剤で症状悪化を抑えることもあります。

水ぼうそうは感染性が非常に強いので、他児に感染させるリスクがあります。かさぶたがはがれて血が出ない状況になるまでは、登園、登校を控えてください。

おうちケア

・とびひに注意

水ぼうそうの感染ピークは主に冬ですが、夏にも発症します。

夏は暑さや汗でかゆみが強くなりがちです。水疱が破けた湿疹をひっかくと、細菌が体内に侵入し〝とびひ〟になることがあります。

その場合、抗生剤の内服や外用剤の塗布で治療します。

・帯状疱疹のリスクも

水痘帯状疱疹ウイルスは、水ぼうそうが治癒しても、体内の神経節という場所にとどまり続けます。

体力や免疫力が低下すると、ウイルスは再び活性化し、帯状疱疹が出現することがあります。

・予防接種で重症化を予防

水ぼうそうの予防接種は、1歳を超えてから2回接種します。

発症は防げませんが、重症化の予防にはたいへん有効です。

3歳未満の子どもは公費（無料）で受けられます。

・家庭内感染を防ぐ

湯舟から湿疹部に菌が入り、とびひになることがあります。

入浴は家族が入る前に1番に入浴するか、シャワーにして菌が侵入しないようにしましょう。

百日咳

夜間、就寝中の咳込みによる重症化に注意

　百日咳は、百日咳菌が体内に入り感染が成立してから、治癒するまでにおよそ100日かかることから、その名がつきました。

　新生児から感染する可能性があり、生後2か月から4種混合ワクチンを接種することで感染を予防できます。

　百日咳の症状は特徴的な咳です。「コン、コン、コン」と立て続けに咳をしたあと、オットセイの鳴き声に似た、喉が痛そうな音を出しながら息を吸い込みます。

　咳込みが激しく、特に夜間や横になっているときは咳が悪化しがちです。咳に伴って嘔吐してしまう子どももいます。

　重症化すると呼吸困難となり、入院による治療が必要になることがあります。

　百日咳の感染時、発熱を合併することはほとんどありません。

かかりやすい時期	かかりやすい年齢
通年 ※特に春から夏	全年齢
潜伏期間	**回復までの日数**
7〜10日	約100日
登園・登校	**予防接種**
定めなし	あり ※4種混合

救急 or 病院　チェックリスト

救急車を ★★★　夜間・休日診療へ ★★☆
かかりつけ医の診察時間に受診 ★☆☆

- □ 顔色が悪い　★★☆
- □ 咳がひどく眠れない　★★☆
- □ 活気がない　★☆☆
- □ 特徴的な咳をしている（コンコンコンと連続した咳のあとに、オットセイのような息吸い）　★☆☆

治療

子どもの風邪は、溶連菌など細菌感染を除き、必ずしも抗生剤を飲む必要はありません。

しかし、百日咳は長引くと呼吸しづらくなり、入院治療が必要となる場合もあります。百日咳と診断されたら、処方される抗生剤をしっかり飲み切るようにしましょう。

おうちケア

・咳がひどいときは体を起こして

横になると肺の広がりが悪くなるので、息苦しいときや、眠れないときは、体を起こして肺が広がりやすい体勢にしましょう。

・適度に加湿を

加湿は、くしゃみなどの飛沫物質が飛ぶ距離を短くする効果があり、感染予防に役立ちます。

ただし、湿度を上げすぎると高気密住宅などでは結露からカビが発生し、二次的な感染リスクも考えられます。適度に行いましょう。

・4種混合ワクチンで感染予防

百日咳は、生後数か月の赤ちゃんでも感染の可能性があり、場合によっては入院に至ることもあります。

接種できる月齢になったら、感染予防のため4種混合ワクチンを接種しましょう。

教えて！たけつな先生

咳の「音」がうまく伝えられない！

百日咳は特徴的な咳が出るため、ご家庭でも気づくことができる病気だと思います。もし気になる場合はお子さんの咳の様子をスマホなどで撮影し医師へ見せるとよいでしょう。

腹痛、下痢、頭痛など重症化の症状に注意

おたふく風邪(流行性耳下腺炎)

おたふく風邪の正式名称は流行性耳下腺炎で、ムンプスウイルスが原因で発症します。

潜伏期間後、耳の下にある耳下腺の腫れや痛み、発熱、喉の痛み、頭痛などの症状が現れます。一般的に、耳下腺の腫れは左右両側にみられますが、片側のみの場合もあります。

多くの子どもは軽症で治癒します。中には無症状のまま治る不顕性感染もありますが、重症化すると髄膜炎や膵炎《すいえん》、男の子は精巣炎を併発することがあります。

精巣炎を発症する男の子の大半は10歳未満であり、おたふく風邪にかかった男児全体では20〜25%が発症します。

かかりやすい時期	かかりやすい年齢
通年	全年齢

潜伏期間	回復までの日数
14〜18日	1〜2週間

登園・登校	予防接種
不可 ※耳の下が腫れてから5日経過、かつ発熱がなく、食事がとれ、耳下腺の痛みがなければ可	あり ※おたふく風邪

救急 or 病院　チェックリスト

救急車を ★★★　夜間・休日診療へ ★★☆
かかりつけ医の診察時間に受診 ★☆☆

- □ 耳下腺の腫れや痛み　★☆☆
- □ 2週間前、周囲に感染者がいた　★☆☆
- □ 予防接種を受けていない　★☆☆
- □ 頭痛が続く　★☆☆
- □ 嘔吐がある　★☆☆

治療

発熱や耳下腺の痛みをやわらげるため、解熱鎮痛剤を投与します。

髄膜炎で重症化し、嘔吐を繰り返すときは、通院が困難な場合があります。そのときは、入院して点滴などの治療を行うこともあります。

おうちケア

・対処に迷ったら早めに受診を

比較的軽症で治癒することが多い疾患ですが、重症化すると入院治療が必要になることもあります。おたふく風邪を疑うときは早めに小児科を受診しましょう。

・痛みが強ければ鎮痛剤を

耳下腺の痛みや頭痛は、我慢できるくらいであれば、経過観察で差し支えありません。痛みが強い場合は、水分摂取ができないこともあるので、解熱鎮痛剤で症状を緩和しましょう。

・発症した2週間前の周囲を確認

症状が出たら、ムンプスウイルスの潜伏期間である約2週間前に、周りでおたふく風邪にかかった人がいたか確認しましょう。もしいれば、おたふく風邪の可能性が高くなります。

・予防接種で重症化を防ぐ

おたふく風邪は1歳時と就学前の2回の予防接種で重症化を予防できます。

小児科の診察室から

おたふく風邪は、左右両側の耳下腺が同時に腫れることはまれで、多くはどちらか一方が腫れた１～２日後に、反対側が腫れてきます。

髄膜炎や精巣炎、膵炎といった重症化のサインである腹痛や下痢、頭痛の症状にも気をつけましょう。

COLUMN

予防接種のなぜ・なに相談室

生後2か月から7か月頃まで、ほぼ毎月、なにかしらある予防接種。

こんなに打たないといけないの？　などと疑問に思う人もいるでしょう。

そこで、予防接種に関するお悩みや質問にお答えします。

Q. なぜ、たくさんの種類を打つの？

A　ワクチンごとに、種類と目的が違うからです。

生後2か月から、ヒブ（インフルエンザ桿菌）、肺炎球菌やロタウイルスワクチン、B型肝炎ワクチン、4種混合など、多いと一度に5種類のワクチンを接種します。

ワクチンには2種類あり、麻疹・風疹や結核、ロタウイルスや水痘などを弱毒化した「生ワクチン」と、ヒブ、肺炎球菌、B型肝炎、4種混合、日本脳炎などの毒性を除いた「不活化ワクチン」の2種類があります。それぞれの病気の菌やウイルスをもとに作っているので、効果がある程度限定されます。

Q. 定期接種と任意接種ってなに？

A　任意接種は、希望する人のみ接種します。

就学前に接種する定期接種は、ヒブ、肺炎球菌、B型肝炎、BCG、4種混合、MR、水ぼうそう、ロタウイルス、日本脳炎の9種で、国で推奨しているものです。指定されている期間内は無料で接種できます。

対して、任意接種は自費になります。おたふく風邪、インフルエンザなどは任意接種ですが、感染予防、または重症化を防ぐために、なるべく接種することをおすすめします。

Q. 麻疹・風疹にかかる人はほぼいないのに受けないとダメ？

A　重症化を防ぐ目的もあるので、接種を。

麻疹（はしか）は脳炎を起こし、妊婦が風疹にかかると胎児に影響が出ることがあります。そのため、全員が幼少期に接種して、国全体で感染を防ぎます。BCGも、近年流行してはいませんが、死亡の危険がある結核を予防するために行うものです。推奨されている予防接種は受けるようにしましょう。

予防接種のスケジュール

生後2か月からスタートする、予防接種。「1歳の誕生日までに3回」「間隔を27日あけて」など、スケジュール管理でパニックになる人も。そこで、予防接種スケジュールを一覧にしました。目安にしてください。

	ヒブ	肺炎球菌	B型肝炎	4種混合（ジフテリア、百日咳、破傷風、ポリオ）	BCG	MR（麻疹・風疹）	水ぼうそう	日本脳炎	ロタウイルス（1価）	ロタウイルス（5価）	任意 おたふく風邪	任意 インフルエンザ
摂取回数（合計）	4回	4回	3回	4回	1回	2回	2回	4回	2回	3回	2回	毎年2回
2か月	1回目	1回目	1回目	1回目					1回目	1回目		
3か月	2回目	2回目	2回目	2回目					2回目	2回目		
4か月	3回目	3回目		3回目						3回目		
5か月					1回目							
6か月												1、2回目（乳児～学童は流行前の10、11月に毎年2回）
7か月			3回目									
8か月												
9～11か月												
1歳	4回目	4回目		4回目（1～2歳）		1回目	1回目（1歳～1歳3か月）				1回目（1歳～1歳3か月）	
1歳3か月												
1歳6か月							2回目（1歳6か月～1歳11か月）					
2歳												
3歳								1、2回目				
4歳								3回目				
5歳						2回目（5歳～6歳11か月）※就学1年前					2回目（5歳～6歳11か月）※就学1年前	
6歳～								4回目（9歳～12歳11か月）				

リンゴ病

子どもは軽症が多いが、妊婦の感染は要注意

リンゴ病は、正式名称を伝染性紅斑といい、パルボウイルスB19というウイルスが原因で起こります。

頬にレース状の赤い湿疹が出ることが病名の由来です。先に発熱などの風邪症状が出て、その1～2週間後に発疹します。湿疹が出たら、すでに回復期に入っているので通常の生活をして差し支えありません。

多くの子どもは軽症で軽快しますが、ごくまれに血液中の酸素を運ぶ赤血球が壊れて貧血になることがあります。

大人の場合、妊娠20週までの妊婦がパルボウイルスB19に感染すると、胎児に胎児水腫（むくみ）や貧血を認めることがあるほか、流産の原因になる場合もあります。

感染流行時は人混みを避け、感染したときは回復しても、幼稚園や保育園などにはリンゴ病にかかっていたことを伝えておきましょう。

救急 or 病院　チェックリスト

救急車を ★★★　夜間・休日診療へ ★★☆
かかりつけ医の診察時間に受診 ★☆☆

- ☐ 発疹後、再び高熱が出た ★☆☆
- ☐ かゆみが強くなった ★☆☆
- ☐ 幼稚園や保育園に通園している ★☆☆
- ☐ 子どもの周囲に妊婦がいる ★☆☆

※風邪症状のあと、頬のみ発疹している場合は、回復期にあるため受診不要です。

かかりやすい時期	かかりやすい年齢
通年 ※春から初夏に多い	学童期
潜伏期間	**回復までの日数**
1～2週間	1～2週間
登園・登校	**予防接種**
定めなし	なし

川崎病

原因不明の炎症性疾患。心臓に合併症が出ると長期治療も

川崎病は、原因不明の病気です。発症直後は38℃以上の高熱が持続し、そこへ目や皮膚などの症状が加わると川崎病と診断されます。

感染症で二次的に首のリンパ節が腫れることもあるので（頸部リンパ節炎）、注意が必要です。

4歳未満の乳幼児で、特に男の子がかかりやすいといわれています。

川崎病の症状は、全身の大きな血管に炎症が起こって発症します。炎症を放置すると、冠動脈という大きな血管にコブができ、心筋梗塞などを引き起こすこともあります。そのため、症状が出たら入院して投薬治療を行います。コブは、数年たってできることもあるので、治ってからも定期的に超音波検査で確認します。

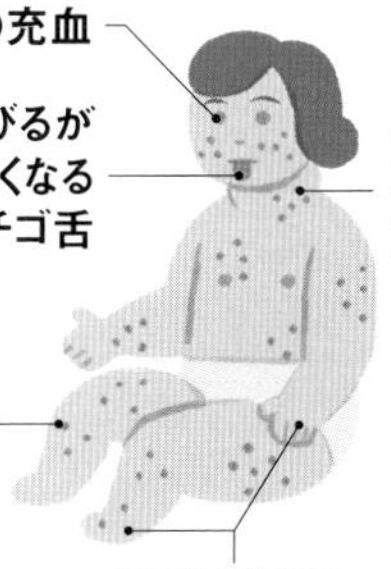

救急 or 病院　チェックリスト

救急車を ★★★　夜間・休日診療へ ★★☆
かかりつけ医の診察時間に受診 ★☆☆

- ☐ 5日以上発熱が持続している ★☆☆
- ☐ 両目の白目が充血している ★☆☆
- ☐ 首のリンパ節が腫れている ★☆☆
- ☐ 唇がカサカサで赤みや亀裂があり、ひび割れて出血している ★☆☆
- ☐ 両手がグローブのように赤く腫れている ★☆☆
- ☐ 全身に湿疹が出ている ★☆☆

※複数の症状があれば川崎病の可能性があります。
※診断確定症状ではありませんが、上記以外に「BCG接種部の赤み」も川崎病を疑う有効なサインです。

かかりやすい時期	かかりやすい年齢
通年 ※特に冬に多い	4歳未満 ※特に男児に多い

回復までの日数
2～4週間

登園・登校	予防接種
不可 ※退院後、全身状態がよければ登校可	なし

あせも

汗をかいたままにしておかないことが最大の予防

毛穴が垢《あか》などで塞がれ、汗がたまると炎症を起こします。これがあせもです。

あせもは新生児から学童期にかけて全年齢でみられますが、平均体温が高く、皮膚の免疫機能が未熟な生後2～5か月くらいの乳幼児に多くみられます。

あせもは、襟元を中心に首から胸によくできます。襟元は直接外気と皮膚が接触する場所であること、乳児ではよだれなどの分泌物が付着し、炎症が起きやすいことが原因です。

あせもができやすい場所

かかりやすい時期	かかりやすい年齢
7～9月	全年齢

潜伏期間	回復までの日数
なし	数日～1週間

登園・登校	予防接種
可	なし

救急 or 病院　チェックリスト

救急車を ★★★　夜間・休日診療へ ★★☆
かかりつけ医の診察時間に受診 ★☆☆

- □ 生後2か月未満で広範囲に赤みのある湿疹が出ている ★☆☆
- □ かゆみが強い ★☆☆
- □ 湿疹の部分がジュクジュクしている ★☆☆
- □ 発熱を伴っている ★☆☆

治療

低年齢で赤みやかゆみが強くない場合には、非ステロイド性の抗炎症剤を使います。赤みが強く、ジュクジュクしている場合は、抗生剤または、抗生剤入りのステロイドの外用剤を使用し、炎症を抑えます。

おうちケア

・通気性をよくしましょう

もともと子どもは汗かきで、あせもになりやすい体質です。特に生後5か月くらいまでは同じ姿勢で横になっているため、熱がこもってあせもができやすくなります。

適度に抱っこをしたり、姿勢を変えたりすることが大切です。

・汗をかいたままにしない

汗をかいた際には早めにシャワーなどで汗を流すか、濡れタオルなどで拭いたあと、乾燥している衣服に着替えさせてあげましょう。

・室温はやや低め、衣服は薄めに

室内温度を高く設定し、厚着をさせてしまうと汗をかきやすくなります。

そのため、室内の温度はやや低め、衣服は薄めにするといいでしょう。

体感温度が少し寒いかなと思ったときにはブランケットなどの上掛けなどで、調節してあげましょう。

教えて！たけつな先生

外出先で汗をかいたら、どうするの？

外出先など、すぐにシャワーを浴びられないときは、ウエットティッシュで汗を拭いてもいいでしょう。赤みが強くなったり、広範囲に湿疹が出てきたりしたら、早めに小児科を受診しましょう。かゆみが強く、湿疹がジュクジュクしている場合も、とびひになる可能性があるので受診を。

とびひ

かゆみを伴い、かくほどに広がる感染性の湿疹

とびひは、水疱や膿《うみ》を持った湿疹です。

あせもや水ぼうそうによる湿疹ができて、皮膚をかいて傷ができた際に、皮膚の常在菌であるブドウ球菌などの細菌が傷口から感染して発症します。

アトピー性皮膚炎などの皮膚疾患をもともと持つ子どもも、なりやすいので注意が必要です。

なお、夏の汗をかく時期に多くみられます。

感染初期では一部分に湿疹が出現し、その後、周囲に数個の湿疹ができ、細菌が出す毒素によって全身の皮膚に湿疹が拡大していきます。

湿疹は悪化すると皮がめくれた状態になることもあります。

かゆみを伴い、かゆみが増すほど皮膚の傷ができるため、瞬く間に全身に拡大していきます。

とびひは細菌が原因なので、抗生剤を内服したり、抗生剤の塗り薬を塗ったりすることで症状が軽快します。

救急 or 病院　チェックリスト

救急車を ★★★　夜間・休日診療へ ★★☆
かかりつけ医の診察時間に受診 ★☆☆

- □ 全身に湿疹が広がっている ★☆☆
- □ 1つの湿疹の範囲が大きい ★☆☆
- □ 皮がめくれてジュクジュクしている ★☆☆
- □ 発熱を伴っている ★☆☆
- □ かゆみが強い ★☆☆

かかりやすい時期	かかりやすい年齢
7～9月	全年齢
潜伏期間	回復までの日数
2～5日	3～7日
登園・登校	予防接種
可	なし

検査で原因となるアレルゲンが特定できれば、それに応じた治療を

アトピー性皮膚炎

かかりやすい時期
なし

かかりやすい年齢
なし

アトピー性皮膚炎(以下アトピー)は慢性的なかゆみを伴う皮膚の乾燥やときに赤みのある湿疹が出たり、湿疹の部分がジュクジュクしたりする状態です。

新生児や乳児で長期的に湿疹が持続するか判断がつかない場合は、乳児湿疹と診断し、症状に応じてアトピーと同じ治療を行います。

アトピーの原因としては食物や、ハウスダスト、ダニといった吸入アレルゲンでも起こります。

かゆみが強く常時治療が必要な場合はアレルギー検査を行い、アレルゲンを特定することも大切です。

乾燥する秋から冬にかけて、時々湿疹が出るような軽症のアトピーではステロイドの外用剤で軽快することもあります。

通年性で乾燥肌が持続し、かゆみを伴う場合などは、ステロイド外用剤に加え、定期的な抗アレルギー剤の内服で治療を行います。

救急 or 病院 チェックリスト

救急車を ★★★ 夜間・休日診療へ ★★☆
かかりつけ医の診察時間に受診 ★☆☆

- □ **かゆみが強く、眠れない** ★☆☆
- □ **とびひになっている** ★☆☆

水いぼ

感染性の湿疹。発症したらプールは控える

水いぼは、ウイルスが原因の湿疹で、他人にうつります。

水いぼに接触することで感染するため、プールではビート板など、家庭内ではタオルの共有などから感染してしまうことがあります。

湿疹は1～5ミリメートル程度でも、ときにかゆみを伴うこともあります。かゆみが強い場合には抗アレルギー剤を内服します。

なお、水いぼが完治するには半年から1年ほどかかります。

湯舟のお湯や、プールの水でうつるリスクはほぼありませんが、患部が接触したものにウイルスがつくことがあるので、感染防止のため、プールにはラッシュガードで患部を覆い隠して入るようにしましょう。園や学校によっては、プールNGの場合もあるので、担任の先生に確認しましょう。

感染を拡大させないために、水いぼを液体窒素やピンセットでとり除く治療を行うこともありますが、痛みを伴い、痕が残ってしまうため、あまり積極的には行いません。

救急 or 病院　チェックリスト

救急車を ★★★　夜間・休日診療へ ★★☆
かかりつけ医の診察時間に受診 ★☆☆

- □ かゆみが強く、とびひになっている ★☆☆
- □ 径が大きな水いぼが多数ある ★☆☆

かかりやすい時期	かかりやすい年齢
通年 ※特に夏に多い	7歳以下
潜伏期間	**回復までの日数**
2～6週間	半年～1年
登園・登校	**予防接種**
可	なし

治療

水いぼの原因はウイルス感染です。ウイルスに対する抗体ができたら自然治癒するので、特別な治療は必要ありません。

漢方や抗アレルギー剤を内服し、症状を緩和させる方法もあります。

おうちケア

・患部に触れないように

水いぼは患部に接触することで発症するため、直接的、間接的に接触をしないようにします。

ピンセットで除去する場合は、水いぼの茎の部分からとり除く必要があるので、皮膚科や小児科へ。

・タオルは共有しない

タオルについたウイルスが家族にうつってしまうので、別のタオルを使いましょう。ウイルスは洗濯すれば洗い流されるので、洗濯後のタオルは家族で使ってOKです。

・かゆみには抗アレルギー剤を

水いぼはときにかゆみを伴うため、患部をかいていぼがつぶれ、二次的に〝とびひ〟になることもあります。

とびひを予防するため、かゆいときには抗アレルギー剤を内服し、かゆみを止めます。

抗アレルギー剤がなければ、かゆみの部分を冷やして、かゆみを抑えるようにしましょう。

小児科の診察室から

水いぼは治癒するまで6か月くらいの時間がかかりますが、特別な治療が必要なわけではありません。ラッシュガードなどで患部を覆えばプールなどに入っても問題ありません。ただし、かゆみを伴った水いぼで、とびひのように傷になっている、ジュクジュクしている場合は、とびひが悪化するため、プールに入るのを控えましょう。

繰り返すじんましんはアレルギーの可能性。小児科医に相談を

じんましん

かかりやすい時期	かかりやすい年齢
通年	全年齢
潜伏期間	**回復までの日数**
なし	数十分〜数日
登園・登校	**予防接種**
定めなし	なし

じんましんはかゆみを伴う少し膨らんだ赤みのある湿疹です。

湿疹の形や大きさはさまざまで、円形をしたものや、やや大きめの地図状のものが出るときもあります。

じんましんの原因もさまざまで、食物アレルギーによるものや、風邪などの感染症、ストレス、冷たい空気の刺激などでもじんましんが出ることがあります。

かゆみが軽度な場合や、一部分だけのじんましんであれば患部を冷やして様子をみても大丈夫ですが、全身に広がっている場合や、かゆみが激しい場合には、抗アレルギー剤を飲んで治療する必要があります。

ただし、食物アレルギーの場合に、急激にじんましんが拡大します。

食物アレルギーが疑われる場合で症状が悪化したら、小児科医に相談しましょう。

救急 or 病院　チェックリスト

救急車を ★★★　夜間・休日診療へ ★★☆
かかりつけ医の診察時間に受診 ★☆☆

- □ じんましんのほか、呼吸が苦しい、嘔吐を繰り返しているなどの症状がある　★★☆
- □ かゆみが激しく、全身にじんましんが広がっている　★☆☆
- □ アレルギーを抑える薬を内服しても症状が変わらない　★☆☆

治療

じんましんが出たのが体の一部で、かゆみも軽度であれば、抗ヒスタミン剤の塗り薬で治療します。治らない場合はステロイドの塗り薬を使用し、炎症を抑えます。

局所的でも外用剤で改善しない場合や、全身に広がるかゆみの強いじんましんは、抗アレルギー剤の内服を併用します。

おうちケア

・繰り返すじんましんは病院へ

繰り返すじんましんは、原因が特定できることがあります。小児科医に相談しましょう。

・あたためずに、まず冷やす

じんましんは体温（温度）が上がると症状が悪化します。狭い範囲であれば、患部を冷やしましょう。

じんましんが出ているときの入浴や運動は、体温の上昇でじんましんが悪化するので、控えましょう。

・原因不明のじんましんにはアレルギーを抑える薬を

まずは小児科を受診し、抗アレルギー剤をもらって内服しましょう。

食物アレルギーが原因の場合、呼吸が苦しくなったり、血圧が下がったりするアナフィラキシー状態になると命に関わります。「たいしたことない」と軽く考えず、必ず受診を。

小児科の診察室から

じんましんが出たあと24時間から48時間くらいの間はアレルギー反応が出やすい状況になっています。症状がおさまったからといって激しい運動や体温が上がるような行動は控えるようにしましょう。

じんましんの再発を予防するため、抗アレルギー剤を内服する場合は、1回のみでなく、2〜3日薬を飲んで予防することも大切です。

食物アレルギー

検査は1歳以降に。治療は医師に従って慎重に

食物アレルギーはアレルゲン（アレルギーを引き起こす食品）を摂取することで、さまざまな症状を引き起こします。

食物アレルギーは0歳児で最も多くみられ、年齢が上がるにつれて発症する頻度は減少します。

乳幼児では卵、牛乳、小麦の順でアレルギーを引き起こしやすく、そのうち8割程度は2歳までにアレルギーを克服することが可能です。

食物アレルギーには食材を摂取し、30分以内に症状が出現する「即時型」と数時間以上の時間が経過してから症状が出現する「遅延型」の2つがあります。

症状は、軽症の場合、口唇周囲の湿疹やかゆみが出ます。悪化すると全身にかゆみのある湿疹が広がったり、嘔吐、下痢の症状が出たりします。

最も重症化すると、アナフィラキシーになり、血圧の低下で意識がもうろうとしたり、冷や汗をかいたり、命に危険が及ぶ場合もあります。

救急 or 病院　チェックリスト

救急車を ★★★　夜間・休日診療へ ★★☆
かかりつけ医の診察時間に受診 ★☆☆

- □ 全身に広がる湿疹が出ている ★★☆
- □ 嘔吐を繰り返している ★★☆
- □ ゼーゼーという呼吸や呼吸苦がある ★★☆
- □ 冷や汗をかいてぐったりしている、顔色が悪い、意識がもうろうとしている ★★☆
- □ まぶたや唇が腫れている ★☆☆

かかりやすい時期	かかりやすい年齢
通年	生後6か月～2歳

登園・登校：定めなし

治療

アレルゲンを完全に除去する方法と、アレルギー症状が出ない量を継続的に食べることによって耐性をつける方法（経口減感作療法）があります。

おうちケア

・はじめての食品は平日午前に

アレルギーが出たらすぐに小児科に受診できるよう、はじめて食べる食材は、平日の午前中に与えます。

離乳食や幼児食での「初トライ」は、小さじ1杯からスタートして。

・卵は加熱すれば食べられることも

卵は加熱することによってタンパク質が変性するため、加熱していない卵は摂取できなくても、加熱した卵は摂取できる場合もあります。医師と相談しながら食べ進めて。

・アレルギー検査は慎重に

アレルギー検査は免疫を測定しているため、摂取したことのない食べ物には反応しません。

そのため、アレルギーの検査は離乳食がある程度進んだ、1歳以上で行うことが望ましいです。

重症の食物アレルギーの子どもでは、お母さんからの母乳でも反応するため、生後6か月でアレルギー検査の値が高い場合もあります。

小児科の診察室から

アレルギーの検査は、アレルギーが出る確率を調べるものなので、値が高いからといってアナフィラキシーなどの重症になりやすいわけではありません。反対に、アレルギー検査の値が低くても、体調によってはアナフィラキシーなどの重症化を起こす場合があります。体調が悪いときは、摂取する量に特に注意が必要です。

COLUMN

薬のお悩み相談室②

まだ言葉が通じない子どもに「動かないで」「目を閉じないで」といっても、ちっとも聞いてくれなくて、途方に暮れることも。そこで、よく処方される「塗り薬」「点耳薬」「点眼薬」に関するお悩みや疑問に、お答えします。

Q. 外用薬の使い方を教えてください！

A 塗り薬は……

薬を扱う大人の手を清潔にすることはもちろん、薬を塗る患部も汗や汚れをふきとり、清潔な状態にしてから塗ります。
背中やおなかなどの広範囲に塗る場合は、チューブの塗り薬を指の第一関節に乗る量が適量の目安です。
薬を直接とり出して何度も塗ると、チューブ内に雑菌が入る可能性があるので、手の甲などにいったん適量をとり出して、そこから指にとって患部に塗りましょう。

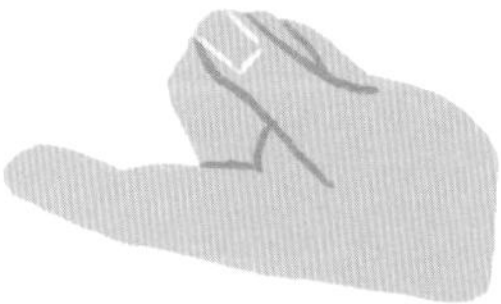

A 点眼薬は……

子どもを仰向けに寝かせて、動かないように自分の足などで押さえます。
目頭の下まぶた部分を下方に引っ張り、素早く目薬を滴下します。このとき、目薬の先がまつげに触れないように注意しましょう。ボトルに雑菌が入る可能性があります。どうしても嫌がる場合は、眠っているときに滴下してもいいでしょう。

A 点耳薬は……

冷蔵庫で保管していた冷たい薬は、冷気の刺激で痛む可能性があるので、30秒程度手で温めるなどして常温に戻します。

子どもを横向きにし、耳を少し後ろ上方に引っ張るようにして薬を点耳すると、奥まで入りやすくなります。

外に出た薬はふきとりましょう。

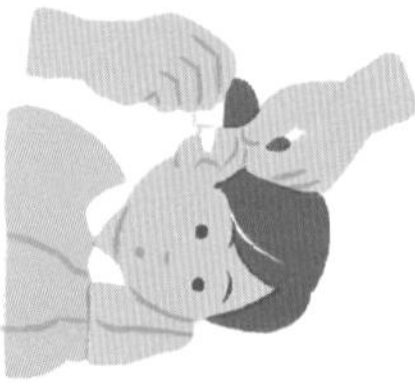

Q. 外用薬の保管方法は？

A　塗り薬は常温で。点耳薬、点眼薬は冷蔵庫へ。

塗り薬は、常温で直射日光があたらない場所に保管します。点耳薬、点眼薬は、成分によっては変質しやすいものもあるので、冷蔵庫に入れて保管します。
遮光のビニール袋に入った点眼薬は、その袋に入れてから、冷蔵庫で保管しましょう。

薬品名と使用者の名前を書いて保管を

プラスチック容器に入った塗り薬は、本体とふたの両方に、薬の名称と使う人の名前を書いておくと、誤用を防げます。使用開始日も書いておくとよいでしょう。

教えて！たけつな先生

虫よけスプレーは乳幼児でも使えるの？

虫よけスプレーは種類によって成分が異なり、使用できる年齢も異なります。虫よけスプレーの主成分は、大きく分けてディートとイカリジンの２種類があります。

ディート12%の製品は生後６か月から、ディート30%は12歳以上から使用できます。一方、イカリジンは年齢制限なく使用できます。

子どもにはディート12%か、イカリジンが主成分の虫よけスプレーを使用しましょう。

〇
・イカリジン
・ディート12%

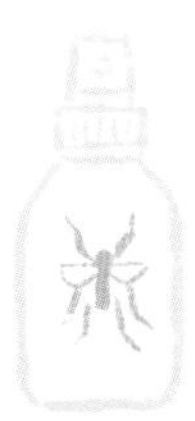

×
・ディート30%は
12歳からＯＫ

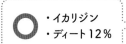

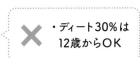

空気感染するので、汚物の処理はしっかりと

感染性胃腸炎

感染性胃腸炎は、ウイルスまたは細菌の感染により、下痢や嘔吐、腹痛が起こる病気です。

子どもは、ウイルス性胃腸炎が多くを占めます。中でも代表的なノロウイルスやロタウイルスは感染力が強く、下痢が長引いたり、嘔吐の頻度が高かったり、発熱などの症状が強く出ることもあります。

さらにロタウイルス、ノロウイルスの感染に伴い、数時間反復するけいれんを起こす場合もあります。けいれんを起こしたら小児科を受診しましょう。

細菌性胃腸炎の原因は、加熱が足りない肉などに含まれるサルモネラ、井戸水などに含まれるカンピロバクター、O-157が有名な大腸菌、人の皮膚に存在するブドウ球菌が代表的です。

同じ腹痛症状が出る病気として虫垂炎(盲腸)との見分けが重要ですが、盲腸はおなかを抱えるほどの持続的で特徴的な腹痛が出る一方、感染性胃腸炎の痛みは強くなったり、弱くなったりと波があるのが特徴です。

かかりやすい時期	かかりやすい年齢
通年 ※ウイルス性のものは秋～冬	全年齢

潜伏期間	回復までの日数
原因により異なる ※ロタウイルスは1～3日、ノロウイルスは半日～2日	原因により異なる ※ロタウイルスは1～3週間、ノロウイルスは1～3日

登園・登校	予防接種
不可 ※下痢、嘔吐などの症状が改善すれば可	あり ※ロタウイルス

救急 or 病院　チェックリスト

救急車を ★★★　夜間・休日診療へ ★★☆
かかりつけ医の診察時間に受診 ★☆☆

- □ 数時間にわたって、1時間に1回嘔吐し続けている　★★☆
- □ 1時間に3回以上の嘔吐がある　★★☆
- □ 嘔吐回数が多く、水分が摂取できない　★★☆
- □ 1時間に4回以上の下痢がある　★☆☆

治療

下痢なら整腸剤、嘔吐なら吐き気を抑える座薬など、症状に応じた対症療法を行います。細菌が原因で、発熱や血便がある場合は、抗生剤の治療も検討します。

おうちケア

・手洗いで感染を予防

ウイルスや細菌を口から摂取して感染するので、しっかり手洗いをすることで予防できます。流水で洗うだけでも効果がありますが、消毒薬の併用がおすすめです。

・食材はしっかり加熱

食品についたウイルスは中心温度85～90℃で90秒以上加熱して殺菌します。肉類は生で食べず、しっかり加熱して感染を予防しましょう。

・原因に合った消毒方法を

ノロウイルスやロタウイルスはエタノールでは消毒できないので、次亜塩素酸ナトリウム（塩素系漂白剤）の方が効果的です。空気中のウイルスでも感染するので、加湿してウイルスの浮遊を抑えたり、空気清浄機を使ったりして、空間も除菌を。

・汚物の処理に注意

下痢をしたおむつは、ビニール袋で二重にくるんで捨てましょう。

小児科の診察室から

感染性胃腸炎は、原因がウイルスでも細菌でも、治療法は同じです。ただし、血便があるときは抗生剤が必要になるため、原因特定の検査を行うこともあります。水分がとれず嘔吐し続ける場合は、小児科を受診しましょう。制吐剤で嘔吐を止め、糖分の入っている経口補水液などで水分をとれるようにするためです。

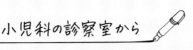

ウイルス性と細菌性って、どう違うの？

子どものウイルス性胃腸炎は、ロタウイルスとノロウイルスが有名です。細菌性胃腸炎は、食中毒の原因菌に感染することで起こります。

【ウイルス性胃腸炎】

●ロタウイルス

激しい嘔吐と下痢を引き起こす感染症。吐物には数億個のウイルスが含まれますが、その中の10個程度のウイルス量でも感染するほど、非常に強い感染力を持ちます。重症化すると、発熱を伴わないけいれんを繰り返し、脳症が起きることもあります。

●ノロウイルス

子どもだけでなく大人も感染し、嘔吐、下痢などを引き起こします。感染力が強く、100個以下のウイルス量で感染します。ウイルスを含む下痢や嘔吐物などは、乾燥すると空気中に浮遊し、それを飲み込むと感染します。下痢をしたおむつや嘔吐物は袋でしっかり縛る、消毒をしっかり行うなどの対処が重要です。

嘔吐、下痢で汚れた衣類やタオルは、ビニール袋に入れて、しっかり口をしばること。

汚れた衣類は塩素系漂白剤で消毒を。漂白剤を入れたバケツに服を入れて「つけおき消毒」すれば、乾燥によるウイルス浮遊も防げます。

塩素系漂白剤で消毒できないものは、熱湯消毒を。鍋で衣類やタオルを煮てもOK。

【細菌性胃腸炎】

●サルモネラ

十分加熱されていない肉などを摂取して感染します。菌が体内に入り、6時間から48時間後に発熱、嘔吐、腹痛、下痢の症状が出ます。

鶏肉、豚肉はしっかり
加熱調理を。

●カンピロバクター

十分加熱されない肉や、ときに井戸水で感染することもあります。菌を摂取した2～7日後に、下痢、腹痛、嘔吐、発熱があり、血便が出ることもあります。

●大腸菌

O-157が有名。大腸菌は通常ヒトが腸に持っている菌で無害ですが、O-157などは腸管粘膜にダメージを与え、重症化すると溶血性尿毒症症候群といわれる腎不全を合併することがあります。

●ブドウ球菌

ブドウ球菌は、摂取してから1～6時間程度で嘔吐、下痢、腹痛を発症します。普段は自身の免疫で殺菌し、排除できる菌なのですが、ヒトの皮膚の常在菌であるため、免疫力が下がっているとサンドイッチやおにぎりなどを摂取した際に発症します。

口内炎

痛みが強くてものが食べられないときは解熱鎮痛剤を

口内炎の原因はさまざまです。

ヘルペスウイルスや、手足口病を引き起こすコクサッキーウイルスなどによるウイルス感染でも発症しますし、風邪や疲労で免疫力が低下した際にも発症します。

また、口の粘膜が物理的な刺激などでダメージを負うことによって、口内炎ができることもあります。

口内炎は、唇の裏、喉の奥、頬の内側などにできます。

乳幼児は、口内炎ができても「痛い」といえないため、気づきにくく、対処に迷うかもしれません。

哺乳量が落ちていたり、硬いもの、刺激のあるものを食べたときに泣いたりしていれば、口内炎ができている可能性が高いでしょう。

口内炎の多くは自然軽快するため、特別な治療を必要としません。

口腔粘膜の修復に有効なビタミンBが含まれた水分や食事をとることは、症状改善に役立ちます。

救急 or 病院　チェックリスト

救急車を ★★★　夜間・休日診療へ ★★☆
かかりつけ医の診察時間に受診 ★☆☆

- □ 口が痛くて、食べられない、飲めない ★☆☆
- □ 口の痛みに加え、発熱している ★☆☆

かかりやすい時期	かかりやすい年齢
通年	全年齢

回復までの日数
2週間

治療

口内炎の代表格は手足口病によるアフタ性口内炎と、ヘルペスウイルスによるヘルペス性口内炎です。

前者は主に喉の奥や上あごにでき、後者は口内のほか唇の端や周りに水疱が出ることがあります。

どちらもウイルス感染が原因のため、自身の免疫で自然軽快します。

おうちケア

・**硬いもの、辛いものは避けて**

患部に物理的な刺激が加わり、回復が遅くなることがあります。なるべく刺激の少ない食べ物をとるようにしましょう。

・**ビタミン補給も大切**

口の粘膜の修復には、ビタミンが必要です。特に、ビタミンB群が含まれるレバーや納豆、マグロなどの食品、野菜ジュースがおすすめです。

・**痛くて飲食できないときは解熱剤を**

強い痛みで飲食できないと、脱水や栄養不足になる可能性があるので、解熱鎮痛剤を使いましょう。

・**感染症を広げないよう注意**

子どもの場合、手足口病などの感染症から口内炎を併発することも少なくありません。家族に感染を広げないよう、スプーンやフォーク、コップなどを共用しないなどの対策も忘れずに行ってください。

教えて！たけつな先生

解熱鎮痛剤はいくつから使っていい？

生後６か月から使用できます。口内炎で一番気をつけたいのは、食事や水分がとれないことです。生後６か月未満の赤ちゃんを除き、痛みが強い場合は解熱鎮痛剤も積極的に使い、痛みがおさまっている間に、食事や水分をとりましょう。

血尿・タンパク尿

尿の色、回数などに注意。腎臓に炎症の可能性も

尿は、血液が腎臓でろ過され、尿管を通って膀胱《ぼうこう》にたまり、尿道を通って排出されます。

血管には無数の小さな穴があり、通常はその穴よりも大きなタンパク質、赤血球などの細胞はろ過されず血管内にとどまります。

しかし、感染症や腎炎など炎症があると、血管の穴が広がり、タンパク質、赤血球などは穴を通り抜けて、尿管、膀胱、尿道を通って尿とともに排出されます。

学校や園の尿検査では、タンパクが（±）以上、または（かつ）潜血が（＋）以上を異常と規定し、再検査が必要となります。

学童期は、溶連菌感染後に発症する急性糸球体腎炎という腎臓の炎症や、タンパクが尿管にもれ出ることでむくみが出るネフローゼ症候群などもよく起こります。

風邪や予防接種をきっかけに、アレルギー性紫斑病を発症し、合併症である紫斑病性腎炎で、血尿やタンパク尿がみられることもあります。軽症なら安静で症状は改善します。

救急 or 病院　チェックリスト

救急車を ★★★　夜間・休日診療へ ★★☆
かかりつけ医の診察時間に受診 ★☆☆

- □ 尿の量が極端に少ない　★★☆
- □ 尿が明らかにコーラ色や赤色をしている　★☆☆
- □ 急激な体重増加　★☆☆
- □ まぶた、足のむくみがある　★☆☆
- □ 目の充血を伴う持続的な頭痛がある　★☆☆

かかりやすい時期	かかりやすい年齢
通年	全年齢

治療

尿検査で異常が出た場合は、精密検査や血液検査などで原因を調べます。風邪などの一時的なものは、治療を必要とせず治ります。

急性糸球体腎炎やネフローゼ症候群の場合は、入院や食事制限、投薬などで治療を行います。

おうちケア

・おしっこの色、状態を観察して

尿の色は、水分摂取量などにより1日の中でも変化します。

ただし、コーラのような色や、赤色など、明らかに色がおかしい場合や、尿に濁りがあれば、精密検査を受けましょう。

・体重の増加、むくみには要注意

尿にタンパクが混じるときは、腎臓になんらかの障害が発生しているサインです。

特に急激な体重増加があった場合は、腎臓の病気が隠れているかもしれません。3歳以上の子どもの場合、数週間から1か月で2～3キログラム増加した場合には、注意が必要です。

また、まぶたが腫れぼったい、靴下の跡が足にくっきり残るなど、体のむくみを認めるときも、小児科を受診しましょう。

まぶたが腫れる、靴下の跡が残るほどむくむ場合は受診を。

小児科の診察室から

子どもは、運動や食事により尿検査で赤血球やタンパクがもれ出ることがあるほか、風邪や予防接種を機に免疫の調整ができなくなることで腎臓に炎症が起こり、血尿やタンパク尿がみられることもあります。ほとんどは一過性で深刻な状態であることは少ないですが、気になる場合は、検査を受けましょう。

排便が3日なかったらケアを

便秘

便秘には、「何日以上便が出ないときに便秘と診断する」といった定義はありません。

人によって、排便回数や習慣はさまざまだからです。

子どもの場合も、ある程度の年齢になれば、自分の排便習慣がわかるようになります。

いつもの排便のタイミングと比べると長い時間出ていない、長い日数出ていないという場合のほか、量が少ない、コロコロの便しか出ないなども、便秘と診断されることも。

また、便は出ていてもおなかが張る、腹痛や食事量が少なくなったなどの症状が認められると、便秘の診断に至ります。

子どもは、便を肛門へ押し出す「腸のぜん動運動」が胃腸炎によって低下したときにも、便が腸に停滞する時間が長くなり、便秘傾向になることがあります。

救急 or 病院　チェックリスト

救急車を ★★★　夜間・休日診療へ ★★☆
かかりつけ医の診察時間に受診 ★☆☆

- □ 嘔吐、腹痛がある　★★☆
- □ 排便と排便の間隔が3日以上あく　★☆☆
- □ 食欲の減退、おなかの張りがある　★☆☆
- □ 便が硬く、便に血がつく　★☆☆

かかりやすい時期　通年

かかりやすい年齢　全年齢

治療

便秘で日常生活に影響がある場合は、腸を動かす薬や腸に水分を引き込む薬を使います。

定期的な浣腸《かんちょう》や座薬で、便を出すことも大切です。

おうちケア

・水分を多めにとる

多くの便秘は、便の水分が少なく硬くなることで起こります。水分を多めにとると便がやわらかくなり、排便しやすくなります。

ただし、牛乳やヨーグルトなどの乳製品は便秘を悪化させることもあります。便秘のときは量を控えて。

・子どもは「3日」を目安にケア

便は腸に長く停滞するとどんどん硬くなり、便秘傾向になります。

子どもの場合、3日間排便がなければ、内服薬、座薬、市販の浣腸などを使い、便を出しましょう。座薬や浣腸は、一度使ったからといって、クセになるものではありません。

・小さな子は踏ん張る体勢を確保

排便には、おなかに力を入れていきむ必要があります。

ひと昔前までは和式トイレが多く、地面に足をついていきむことができましたが、洋式トイレは小さな子だと地面に足が届かず、十分にいきめないことがあります。台などを置いて、いきめる体勢を作りましょう。

教えて！たけつな先生

赤ちゃんにも浣腸をしていいの？

市販の浣腸は0歳から使用できます。生後6か月くらいまでの赤ちゃんには、綿棒で肛門を刺激する「綿棒浣腸」で排便を促してもいいでしょう。ベビーオイルを含ませた大人用の綿棒の先を肛門に入れ、穴を広げるようにゆっくりと上下左右に動かします。

イチゴジャム状の粘りのある血便ならすぐに病院へ

腸重積

かかりやすい時期
通年

かかりやすい年齢
生後4か月〜2歳

回復までの日数
2週間

通常、腸はホースのように1つの管の形をしていますが、腸が腸の中にめり込み、重なり合ってしまうのが腸重積です。

原因は不明ですが、胃腸炎などの感染症にかかったり、既定の週数を超えてロタウイルスワクチンを投与したりした場合に発症します。

腸重積の症状は、15分から30分おきに泣いたり泣き止んだりを繰り返します。泣いたり泣き止んだりを繰り返すのは、腸が一定の間隔で動いたり止まったりを繰り返しているためです。腸が動くことで入り込んでいる腸を圧迫し痛みが出る一方、腸が止まっている間は圧迫が解除されるため痛みが少なくなるのです。

また、嘔吐を繰り返すことや、イチゴジャムに似た、ネバっとした血便が出ることもあります。

この場合は、すぐに小児科か、夜間・休日診療を受診してください。

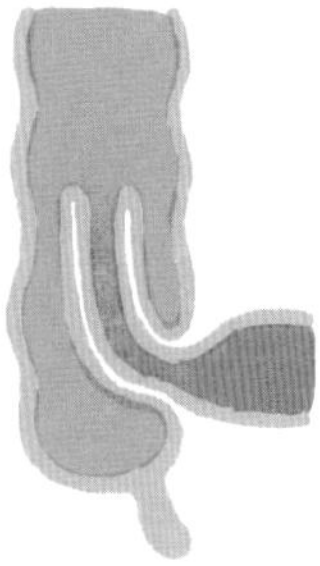

腸の一部が、腸の中に入り込んだ状態。

救急 or 病院　チェックリスト

救急車を ★★★　夜間・休日診療へ ★★☆
かかりつけ医の診察時間に受診 ★☆☆

- □ 15分から30分間隔で激しく泣く ★★☆
- □ イチゴジャムのようなネバっとした血便 ★★☆
- □ 嘔吐を繰り返している ★★☆
- □ 機嫌が悪い ★☆☆

治療

腸重積は自然に解消されることもありますが、多くは治療が必要です。

発症から24時間以内であれば、肛門から空気や造影剤を使って腸を元に戻すこと（整復）もできます。整復が難しい場合は手術をして腸を元に戻します。

おうちケア

・イチゴジャムのような血便はすぐに病院へ

腸重積と胃腸炎の区別は腹痛だけではわからない場合があり、便の状態が非常に大事です。

胃腸炎でも腸の粘膜の炎症で血便が出ることもありますが、イチゴゼリーやイチゴジャムのような血便が出た際には、小児科を受診しましょう。

・繰り返す嘔吐はすぐに小児科へ

繰り返し吐いているときは、腸と腸の重なりが強い可能性があります。

早急に腸を元に戻す処置が必要となることがあるほか、入院での治療が必要な場合もあるので、早めに小児科を受診するようにしましょう。

・血便が出たら活気を見る

胃腸炎や痔《じ》などでも血便が出ることがあるので、少量で子どもが元気であれば、緊急的な治療は必要ありません。ただし、グズる、泣き止まないなど、機嫌が悪い場合は腸重積を疑い、病院で診てもらいましょう。

小児科の診察室から

腸重積を疑う場合に小児科でできる検査では、おなかの超音波検査（エコー）が一番有効です。

エコーで「ターゲットサイン」といわれる弓道の的のような像が見えたら腸重積を疑います。病気の種類によっては、クリニックでも大きな病院と変わらない精度で検査ができます。

おむつをしている赤ちゃん、女の子に多い

尿路感染症

尿路感染症は尿の中に大腸菌などの菌が混入する状態です。菌が膀胱でとどまっている場合は膀胱炎、菌が腎臓まで侵入すると腎盂腎炎《じんうじんえん》になります。

大人も含め、全年齢で発症しますが、学童期よりも乳幼児に多くみられます。

また、男の子より女の子に発症頻度が高いです。

乳児期に多い理由は、便をした際にすぐにおむつを替えられないことが考えられます。

女の子に多い理由は、尿の出口に、菌が侵入しやすいことが影響します。

症状として多いのは頻尿と排尿時痛です。尿の検査では潜血や白血球の増加がみられます。

発熱する場合は、腎臓まで炎症が広がる腎盂腎炎が考えられます。

尿路感染症を繰り返す場合は、腎臓や尿路の奇形の可能性があるので、レントゲン検査などの精密検査が必要になることもあります。

かかりやすい時期	かかりやすい年齢
通年	全年齢

回復までの日数
数日〜1週間

救急 or 病院　チェックリスト

救急車を ★★★　夜間・休日診療へ ★★☆
かかりつけ医の診察時間に受診 ★☆☆

- ☐ **尿の回数が普段よりも増えている**　★☆☆
- ☐ **排尿時痛がある（おむつを替えるたびに泣く）**　★☆☆
- ☐ **咳、鼻水などの風邪症状のない発熱**　★☆☆

治療

抗生剤を数日間内服します。

多くは大腸菌による感染ですが、大腸菌以外の菌が原因になることもあります。可能な場合は、治療を始める前に尿の中にどの菌がいるか尿検査で判断してから治療を開始することが望ましいです。

おうちケア

・1歳未満は特に注意

1歳未満の赤ちゃんは尿の逆流に対する防御機能（弁の機能）が未熟な上、おむつをしているので尿路感染症を引き起こしやすくなります。

特に1歳未満の咳や鼻水のない発熱を認めた場合は、尿路感染症を疑う必要があるでしょう。

・おしっこの回数と痛みに注意

尿路感染症では尿の回数が普段より多くなり、排尿時痛があります。

赤ちゃんは排尿時痛の有無がわかりにくいこともありますが、泣く回数が増えることで排尿時痛があるかを確認することができます。

・水分をしっかりとる

尿路感染症では菌が尿に混じっている状況です。水分をとり、おしっこをたくさんすることで、体内の菌の量を減らしましょう。

小児科の診察室から

赤ちゃんやおむつをしている子ども、特に女の子は、便をした際や下痢をしているときなどは、陰部をお湯などで洗い流してあげてください。女の子の場合、便だけでなくお風呂の床に直接座ることで、床に存在する菌から尿路感染症を引き起こすこともあります。お風呂の床には直接座らないようにすることも大切です。

低年齢化が進み、1〜2歳で発症する子も

花粉症・アレルギー性鼻炎

アレルギー性鼻炎は花粉、ハウスダストやダニなどのアレルゲンが鼻腔粘膜に付着することで起こります。過剰なアレルギー反応が起きる結果、鼻水、くしゃみなどの症状を引き起こす状態です。

風邪にかかった場合でも鼻水やくしゃみが出ることがありますが、アレルギー性鼻炎では、同じ季節に症状が出るなど、慢性的な経過をたどります。

一方、風邪では季節に関わらず症状が短期間でおさまることが多いので、この点で風邪かアレルギー性鼻炎かがわかります。

赤ちゃんは生後6か月から自身の免疫を作り出すため、低年齢の子どもは、アレルギーを起こす免疫機能を持たないことが多いといわれています（食物アレルギーを除く）。

原因はまだ明らかにされていませんが、近年アレルギー性鼻炎の発症年齢が低年齢化しており、1歳の子どもでもアレルギー性鼻炎を発症することがあります。

救急 or 病院　チェックリスト

救急車を ★★★　夜間・休日診療へ ★★☆
かかりつけ医の診察時間に受診 ★☆☆

- □ **鼻水が多く、鼻づまりになり、呼吸が苦しく眠れない** ★☆☆
- □ **鼻水などのアレルギー性鼻炎の症状に加え、目のかゆみなどの症状も同時にある** ★☆☆
- □ **鼻水の症状に加え、鼻血が頻回にみられる** ★☆☆

風邪が長引いて発症する場合も

副鼻腔炎（蓄膿症《ちくのうしょう》）

額や目の下など鼻の周りには、副鼻腔と呼ばれる4つの空洞があります。その空洞に炎症が起きて鼻水や膿がたまることで、鼻水・鼻づまりが持続する状態が副鼻腔炎です。

副鼻腔炎の主な原因は、アレルギーと感染です。保育園に通い始めて1年くらいは風邪をもらい続け、副鼻腔炎が起こるケースが多いです。

副鼻腔炎は顔のレントゲンを撮り、副鼻腔に液体が貯留しているかどうかで診断します。

3日以上続く片頭痛も、副鼻腔炎を見分けるポイントとなります。

治療はアレルギー、感染に関わらず、抗アレルギー薬の内服と、発熱があれば抗生剤を内服します。

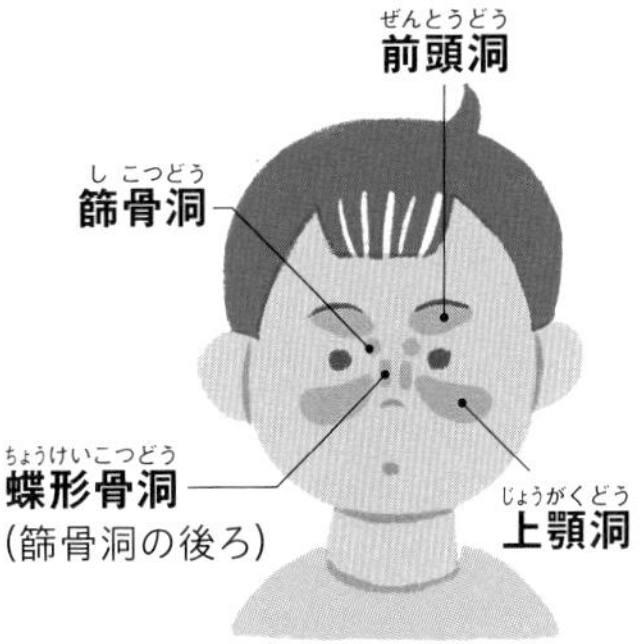

救急 or 病院　チェックリスト

救急車を ★★★　夜間・休日診療へ ★★☆
かかりつけ医の診察時間に受診 ★☆☆

- □ **鼻水が多く、鼻づまりになり、呼吸が苦しく眠れない** ★☆☆
- □ **鼻水などのアレルギー性鼻炎の症状に加え、片頭痛、頬の痛みがある** ★☆☆

風邪の菌やウイルスによって炎症が拡大

中耳炎

中耳炎《ちゅうじえん》は細菌やウイルスによって喉や鼻に炎症が起き、その炎症が口と耳をつないでいる耳管《じかん》という管を介して鼓膜に炎症が広がるために起こります。

一方、鼓膜から耳側（外耳道）で、耳掃除などの傷などによって起こる炎症を外耳道炎と呼びます。

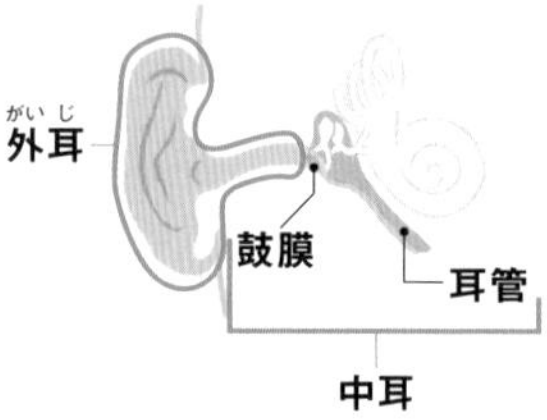

中耳炎は単独でなることはほぼなく、風邪症状があることが多いです。

そのため、中耳炎の主な症状は、先行する咳、鼻水のほか、発熱、耳の痛みです。耳の痛みがなくても、5歳未満の持続する発熱や、夜だけ熱が出るといった弛張熱《しちょうねつ》が続く場合は、中耳炎の合併を考慮します。

中耳炎は、抗生剤を内服して治療します。感染性の強い肺炎球菌など、抗生剤が効きにくい場合は、耳鼻科で鼓膜を切開して、鼓膜の内側にたまった膿を出すこともあります。

救急 or 病院　チェックリスト

救急車を ★★★　夜間・休日診療へ ★★☆
かかりつけ医の診察時間に受診 ★☆☆

- □ **耳が痛い**　★☆☆
- □ **耳だれ（耳漏）がある**　★☆☆
- □ **1日に1℃以上差がある発熱が持続している**　★☆☆

家族間での感染拡大に注意

結膜炎

結膜炎は目の白い部分が赤くなる状態で、主な原因は、細菌に感染したものと、アレルギー性の2つに分けられます。

まれに、目が痛いと訴えて受診する子どももいますが、目が開けなくなるほどの痛みがある場合には、角膜が傷ついたり炎症を併発していたりすることがあります（角膜炎）。

原因がいずれであれ、感染予防のためにタオルの共用はやめて、早めに眼科を受診しましょう。

・細菌性結膜炎

細菌性結膜炎では、特に目ヤニが出る症状が多いです。治療は、抗生剤の点眼が有効です。

・アレルギー性結膜炎

アレルギー性結膜炎は、埃やダニ、花粉などのアレルゲンが原因で目が充血します。

アレルギー性結膜炎では目ヤニは出ず、さらさらの涙が出ることが細菌性結膜炎との違いです。

救急 or 病院　チェックリスト

救急車を ★★★　夜間・休日診療へ ★★☆
かかりつけ医の診察時間に受診 ★☆☆

- □ 目のかゆみに加え、目の痛みがある　★★☆
- □ 目がかすみ、はっきり見えない　★★☆
- □ 目のかゆみが強く、目の白目のところがぶよぶよとして盛り上がっている　★☆☆
- □ 目ヤニに加え、目の周りが赤く、腫れている　★☆☆

COLUMN

かかりつけ医か専門医、どっちに行けばいい?

「様子が気になるけど、どこに相談すればいい?」

そんな「小児科でいいのか迷う」症状や、子どもの体に関するお悩みをまとめました。迷ったら、まずはかかりつけ医に相談してみてください。

Q	A
魚の骨が喉にささった!	耳鼻咽喉科へ
歯が折れた!	歯科へ
肛門にできものができた	外科、小児科へ
よく転ぶ	整形外科、小児科へ X脚、O脚の疑いあり
目の焦点が合っていない	眼科へ 斜視の疑いあり
呼びかけても振り向かない	耳鼻咽喉科へ 難聴の疑いあり

第3章

注意したいケガと事故&おうちケア

ママやパパがどんなに注意していても、起きてしまうのがケガや事故。
「もしも」のときのために、おうちケアの方法を知っておきましょう。
「救急車を呼ぶべき？」「どこの病院に行けばいい？」と迷ったときは、
「救急or病院チェックリスト」を活用して、子どもの安全を守って。

傷 …… 136
やけど …… 140
打撲 …… 142
鼻血 …… 144
脱臼（肘内障）…… 146
誤飲 …… 148
おぼれた（溺水）…… 152
虫さされ（虫刺症）・動物咬症 …… 154
熱中症 …… 156

一生に一度（？）の診察と月に一度の診察

私が大学で勤務していたときの話です。日中の仕事を終え、17時から救急外来の当直が始まったとたん、携帯電話（ＰＨＳ）の呼び出し音が鳴りました。

「蛇に噛《か》まれた子どもが救急外来にきています」と看護師さんから伝えられました。

まだ医師としての経験も浅く、「ちょっと待って。蛇に噛まれた子どもなんて、診たことがないんだけど」と、とっさに返答してしまいました。

しかし、その時間に診察できる医療機関は、当時は私の勤務していた大学病院しかなかったのです。親御さんは、わらにもすがる思いで受診したそうです。

とにかく、同僚や上司の先生、救命科の先生、形成外科の先生など、できる限りの先生を集め、蛇に噛まれた子どもを診察しました。

その子は、手首の上あたりを噛まれていて、肘から指先までがパンパンに腫れあがっていました。

不幸中の幸いか、噛まれた子どもの友達が、噛んだ蛇の死骸を持ってきてくれていました。

噛んだ蛇は、マムシでした。ご存じの通り、マムシは猛毒を持っています。

私は周囲の助けを借りながらなんとか治療を終え、噛まれた子は治癒できました。

正直なところ、医者になって20年ほどになりますが、**マムシに噛まれた子どもを診たのはこの1回限りです。**

一方、「腕が動かないので見てください」といって受診する子どもが、月に1人はいます。

腕が動かない原因の多くは、肘内障《ちゅうないしょう》といわれる、主に手を引っ張ることで肘の関節が抜けてしまう、整形外科的な病気です。

親御さんと子どもが診察室に入ってきて、家族から経緯を聞きながら、動かない腕の肘の関節を持ち、腕をひねります。

「ポキッ」という音がして、腕が動き出します。もちろん痛みもなくなります。一瞬の出来事に、ご家族は魔法使いが魔法を使って治したと錯覚するくらい、とても驚かれます。

おそらく肘内障の治療はあまり派手ではない小児科的な施術で、家族に一番インパクトのある行為の1つといえます。

小児科医の診療範囲は無限!?

もう1つだけ、私の経験談を。これも大学に勤務していた頃の救急外来でのお話です。真夜中の深夜2時、いつも通り携帯電話の呼び出し音です。まだ頭が起きていない私が、眠気交じりの声で電話に出たとたん、看護師さんから、「先生、お風呂でおぼれた子どもが運ばれてきます」と伝えられました。

私は寝起きのままER（救命救急室）に急いで駆けつけ、救命科の先生とこれからやってくる患者についてミーティングをしました。そこへ、その子が運ばれてきました。**おぼれた子どもは1歳で、病院についたときには心肺停止状態です。**

1分1秒も無駄にできない状況で、必死に心肺蘇生を行い、懸命の治療のかいあって一命をとりとめました。

ご家族に事情を聞くと、お父さんが仕事で帰宅が遅くなるため、お風呂にお湯を張った状態でお母さんが子どもを寝かしていたのだそうです。**育児に疲れていたお母さんは寝込んでしまい、お母さんが眠っている間に子どもが浴室に行っておぼれてしまったとのことでした。**

子育てや家事、さらに仕事を持っているお母さんたちは、ご自身の生活を振り返ると、他人事ではないかもしれませんね。

小児科は、風邪などの病気の治療だけを行っているわけではありません。ときにはマムシに噛まれた子や、腕が動かない子、お風呂でおぼれてしまった子、ベッドから落ちて頭を打った子など、幅広いケガや事故にも対応しなければいけません。

そして、**このような事故は、たいてい休みの日や夜間など小児科や大きな病院が閉まっている時間に起こることが多いのです。**

「もしも」は、一生経験しないに越したことはありません。

しかし、仮に「もしも」のことが起きた場合に、焦らずに「救急車を呼ぶか」「夜間・休日診療に行くか」「翌朝、かかりつけ医に行くか」を検討できるように、第2章と同様に**「救急 or 病院」というチェックリストを作りました。**

急なケガや事故が起きたときは、本書のこの章を開いておうちケアの方法を確認し、適切に対応していただきたいと思います。

傷

15分以上の出血、深い傷は迷わず外科で受診

我が子がケガをすると、家族はパニックになるものです。「どこを受診すればいいかわからなくて」と、予防接種や風邪などでかかりつけの小児科に駆け込んできます。

しかし、一概に傷といっても、出血があるか、どこにできているか、砂など異物の混入はあるか……さまざまなケースが考えられます。小児科では、傷口の洗浄や止血、外科的な処置が必要かどうかの判断といった簡易的なことしかできません。傷を縫ったり、ホッチキスで縫合したりといった処置は、できないことが多いのです。

どんな傷でも、15分以上出血が止まらないとき、明らかに傷が深く、縫う必要がありそうなときは、外科を受診しましょう。

救急 or 病院　チェックリスト

救急車を ★★★　夜間・休日診療へ ★★☆
かかりつけ医の診察時間に受診 ★☆☆

- □ フォークや歯ブラシで喉をついて、痛みがひかない（呼吸がつらい） ★★★
- □ 15分以上出血が続いている
  - ・ガーゼを何度も替えるほど ★★★
  - ・ガーゼに血がにじむ程度 ★★☆
- □ 頭を打撲した
  - ・嘔吐、けいれんがある ★★★
  - ・出血を伴った傷がある ★★☆
  - ・出血なし、たんこぶ ★☆☆
- □ ガラスなどの異物が傷に入り込んだ ★★☆
- □ さびた釘などでできた傷 ★☆☆

治療とおうちケア

・15分以上の出血は圧迫で止血

小さくても深い傷の場合は、じわじわと出血が続くことがあります。15分以上血が止まらない場合は、清潔なガーゼなどで圧迫し止血しながら外科や小児科を受診しましょう。

教えて！たけつな先生

止血ってどうやったらいいの？

手や足をケガして出血している場合は、血が出ている部分をギュッと押さえて止血する「直接圧迫止血法」で血を止めるのが一般的です。手足をひもなどで縛って止血する方法は、神経や筋肉を傷つける危険があるので、行わないようにしてください。

直接圧迫止血法のやり方

傷口を圧迫して止血する

傷口に、清潔なガーゼなどを重ねて、その上から手で圧迫します。ガーゼがない場合は、きれいなハンカチやタオルで代用してください。なかなか血が止まらない場合は、圧迫部位がずれているか、圧迫する力が足りないことが考えられます。確実に出血部位を押さえて、体重をかけて両手で圧迫してください。

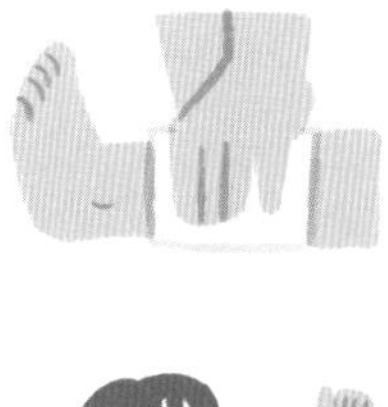

傷口を心臓より高い位置に

ケガをしたのが手や指先など、上に挙げやすい部位の場合は、圧迫したあと、心臓よりも高い位置に持っていくと、患部の血圧を下げられるので、出血を抑えることができます。

・流水で洗い流す

患部についた砂や泥を放置すると、細菌により化膿することがあります。患部は流水でよく洗い流しましょう。消毒液は、傷の状態によって皮膚にダメージを与えて治りが悪くなることもあります。

・適度な湿潤で治療

現在は、ばんそうこうなどで湿度を保って傷を治す方法が一般的です。しかしジュクジュクした傷は、かえって治りが遅くなることも。その場合、ガーゼなどで通気性をよくして状態を見ながら、徐々にガーゼの保護を外していくことが効果的です。

小児科の診察室から

以前は、ケガをしたら傷口を消毒し、ガーゼをあてて乾燥させて「かさぶた」にする治療法が一般的でした。しかし、乾燥させない方が細胞の働きが活発になり、早く、きれいに傷が治ることがわかり、最近は乾燥させない「湿潤療法」が主流になりました。湿潤療法は、治りが早くなるほかに、痛みが軽減されるなどのメリットもあります。

湿潤療法の3原則

1　水で洗う

きれいな水で傷口の汚れを洗い、止血します。転んですりむいた傷から砂がきれいにとれないなど、清潔にすることが難しい場合、血が止まらない場合は、病院を受診してください。

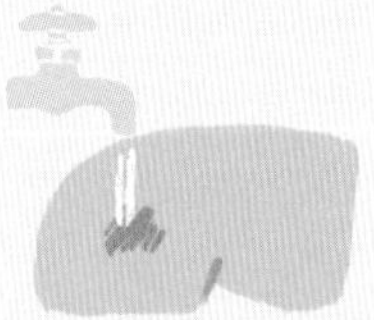

2　消毒しない

消毒をすると、ばい菌と一緒に「滲出液」の成分までも殺してしまうので、消毒はしません。滲出液とは、傷口から出てくるジュクジュクした液体で、ここに傷を早く治す成分が入っています。

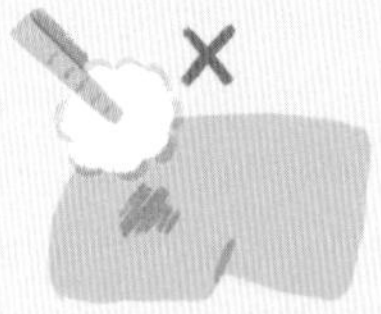

3　傷パッドを貼る

滲出液が乾燥しないように、湿潤療法用のばんそうこう（傷パッド）を貼ります。このとき、滲出液を吸ってしまうのでガーゼは使いません。もし、傷パッドから滲出液がもれ出してくるようであれば、湿潤療法に向かない程度の傷と考えられるので、医療機関を受診してください。また、動物に噛まれた傷やさし傷などの深部の損傷も、湿潤療法は向きません。この場合も医療機関を受診してください。

・**なにかがささったときは迷わず受診**

子どもの傷は、ガラスやとげ、釘などがささってできることも少なくありません。特にガラスは、傷口にガラス片が残る場合がありますし、さびた釘などは、さびについている破傷風菌が体に入り、物が飲み込みにくくなるなどの症状が出る破傷風になる恐れもあります。出血などがなくても受診しましょう。

・**頭を打って切れたときは要注意**

子どもは骨がやわらかいため、頭を打っても骨折は少なく、小さな傷だけということもあります。しかし、症状がなくても〝ひび〟が入っている場合や、脳の組織にダメージが加わる脳挫傷《のうざしょう》などを起こしている可能性もあるため、小児科や脳神経外科を受診しましょう。

・**とがったものが喉にささると感染症の恐れも**

喉の奥にフォークや歯ブラシなどで傷がつくと、呼吸がつらくなったり、傷がついた部分に感染症が起きたりする可能性があります。喉になにかがささったときは、必ず受診しましょう。

教えて！たけつな先生

出血があまりない傷は、そのままでいい？

子どもの傷ができる原因は、転んですりむいたり、ハサミやカッターナイフなどの鋭利なもので切ったり、さまざまです。出血がなければ縫ったりせず皮膚接合用テープで皮膚がくっつくのを待てば大丈夫です。しかし、少量でも15分以上出血が続く場合や、止血しているガーゼがすぐに血でにじむ場合は、「直接圧迫止血法（P137参照）」で止血をしてください。基本的にすり傷や切り傷は静脈（体から心臓へ返る血管）で、動脈が傷つくことはまずないため、ガーゼや包帯などで患部を押さえるだけで止血できます。脚のつけ根をしばるなどの、心臓に近い血管を圧迫する方法は、通常の傷の場合、効果はありません。

冷やすことを最優先に！　軽症でも必ず受診を

やけど

生後5か月未満の赤ちゃんはまだ動けないため、やけどは少ないもののホットカーペットなどに同じ体勢のまま寝かせてしまうと、低温やけどの可能性があります。

特に寝返りし始める生後5～6か月、ハイハイをし始める生後8か月頃からは、やけどの事故がぐっと増えます。

床に置いてあるアイロンやドライヤーに触る、机や棚に置いたポットのお湯をこぼし体にかぶってしまうなど、思わぬことがやけどにつながります。

子どもの皮膚は未熟で大人より重症化しやすいです。子どもの行動範囲には、やけどのリスクがあるものは極力置かないようにしましょう。

やけどの重症度は、範囲と深さで決まり、広く深いほど重症です。

どのような状態でもまずはしっかり冷やすことがとても大切です。

救急 or 病院　チェックリスト

救急車を ★★★　夜間・休日診療へ ★★☆
かかりつけ医の診察時間に受診 ★☆☆

- □ やけどの範囲が全身の10％以上かつ深達度Ⅱ度以上（左図参照）★★★
- □ 火事などにより皮膚以外に気道熱傷の可能性がある ★★★
- □ 見た目は軽症でも、泣き続けるなど子どもの機嫌が悪い ★★★
- □ やけどの範囲が10％未満かつ深達度がⅠ度以上（左図参照）★★☆
- □ 受傷部位が1カ所で大人の親指大ほどで、子どもの機嫌がよい ★☆☆

治療とおうちケア

・まずはしっかり冷やしましょう

やけど直後の症状は赤みだけでも、時間の経過とともに水ぶくれができるなど症状が重くなることもあります。どんなやけどでも、まずは患部を氷水や保冷剤でしっかり冷やし、炎症を抑えましょう。

・服の上から冷やして無理に脱がさない

服を着たままやけどをした場合、無理に脱がせようとすると、服と一緒に皮膚がめくれてしまうことがあります。脱がさずに服の上から、氷水などをかけて冷やしてください。

・軽症でも受診を

やけどは、目に見える症状がなくても、あとあとやけどの範囲が拡大したり、重症化したりすることがあります。やけどをしたら、必ず病院を受診するようにしましょう。

子どもの場合、やけどの範囲が全身の10～15%を超えると重症です。

また、深さがII度以上（下図参照）のときは、すぐに受診しましょう。

教えて！たけつな先生

やけどの軽症、重症の目安は？

症状から「やけどの深さ」のめどを立て、「全身の10%」とはどのくらいかの目安がわかるように、図にまとめました。

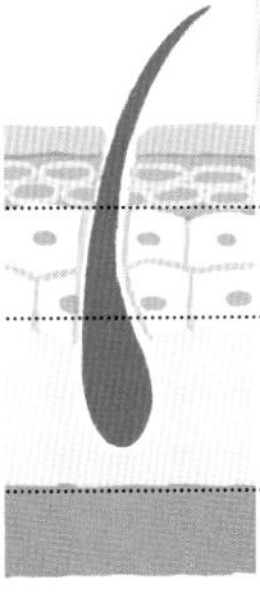

やけどの深さ	外観	症状
I度	赤くなる	ひりひり
II度（浅達性）	赤くなる・水ぶくれ	強い痛み
II度（深達性）	白～ピンクの水ぶくれ	強い痛み
III度	白～黒	痛みを感じない

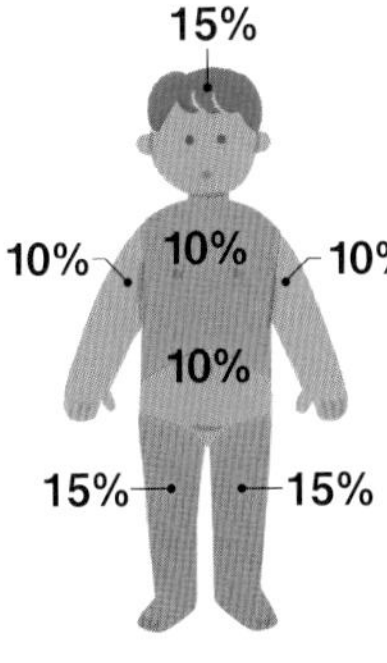

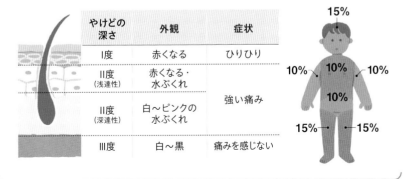

打撲

頭部の割合の大きい子どもは転倒しやすい。頭の打撲は症状を見て受診を

転倒や衝突など、体に対して外部から物理的な衝撃が加わることにより、筋肉の線維や血管が傷ついた状態が打撲（打ち身）です。

活発に運動する子どもにとって、打撲は日常茶飯事といえるほど、身近なケガでしょう。

軽症の打撲は、患部に痛みを感じる程度で、中等症では赤みや腫れが出ます。重症になると、あざや骨折を伴い、手足の場合は動かないなど運動制限がかかることもあります。

注意するポイントは、受傷部位や程度によって異なります。軽症、中等症の場合は、冷やすことで炎症を抑えられることが多いですが、明らかな骨折、運動制限がみられるときは、必ず受診しましょう。

また、腹部、頭部の打撲は、症状が遅れて出る場合もあるので、なるべく早く受診しましょう。

救急 or 病院　チェックリスト

救急車を ★★★　夜間・休日診療へ ★★☆
かかりつけ医の診察時間に受診 ★☆☆

- □ 頭部の打撲で、けいれん、嘔吐がある ★★★
- □ 腹部の打撲で、持続的な腹痛、嘔吐がある ★★★
- □ 手足の打撲で、受傷部位が腫れていて動かない ★★★
- □ 身に覚えのないあざが増えている ★☆☆

治療

・手足の打撲

多くは軽症か中等症ですが、強い痛みに加えて赤みや腫れがあるときは骨折も疑われます。その際は、小児科ではなく整形外科を受診してください。

身に覚えのないあざがあるときは要注意です。あざは、打撲のほか血液を固める血小板や、肝臓内のタンパク質が少ないことでもできることがあります。心配があれば、小児科を受診しましょう。

・腹部の打撲

「寝ているときにきょうだいのおなかを踏んでしまった」と受診されるケースがときどきあります。腹部は、物理的な衝撃がおなかの中でやわらげられて、腫れや赤みが出ない場合も少なくありません。

しかし、実は胃や腸はダメージを受けていて、時間がたってから腹痛や嘔吐《おうと》が出る場合もあります。腹部を打ったときは、症状がなくても受診してください。

・頭部の打撲

子どもは大人より、体の中で頭部の占める割合が大きいため、転倒や転落などで頭部を打撲しやすくなります。

子どもの骨はやわらかく、頭蓋骨を骨折するケースは少ないですが、見た目に異常がなくとも、脳に微小な出血や脳挫傷などが起きていることもあります。

一般的に受傷後24時間以内にけいれんや嘔吐がなければ経過観察でよいとされていますが、痛みが持続するときは小児科、脳神経外科を受診しましょう。

けいれんや嘔吐があれば、ＣＴなど画像検査を必要とする場合があるので、救急車を呼んで診察を受けてください。

おうちケア

・手足の打撲は冷やす

手足の打撲は、患部を冷やすと炎症が抑えられます。痛みがひいたら、治りをよくするために、あたためましょう。

鼻血

30分以上出血していたら病院へ

鼻の入り口には、「キーゼルバッハ部位」という血管が集中する部分があります。そこを触ったり、ものがあたったりすると、鼻血が出ます。

鼻血は、多くの場合、15分程度で止まります。30分以上続くときは、止血処置が必要な場合があるため、小児科や耳鼻科を受診しましょう。

鼻血が出たときの処置は、出血部分の「圧迫」が最も簡単です。また、鼻の上からガーゼなどで包んだ保冷剤をあてて冷やすのも、血管を収縮させて鼻血を止まりやすくするのに効果的です。

アレルギー性鼻炎などで、もともと粘膜が弱っている場合、鼻の粘膜が一度ダメージを受けると、短期間のうちに何度も鼻血を繰り返してしまったり、修復に数か月かかったりすることもあります。

救急 or 病院　チェックリスト

救急車を ★★★　夜間・休日診療へ ★★☆
かかりつけ医の診察時間に受診 ★☆☆

☐ 鼻血が30分以上出続けている　★★☆

☐ 鼻血が出たり止まったりを繰り返している　★★☆

治療

・病院では薬による止血も

長時間続く鼻血の緊急的な止血方法として、病院では血管を収縮する薬を含んだガーゼやスポンジを鼻に詰めて止血することがあります。

・繰り返すときは耳鼻科に相談

長時間止血できない場合や、たびたび鼻血が起こる場合は、外科的治療として出血部分を焼くこともあります。繰り返す様子があれば、耳鼻科に相談しましょう。

おうちケア

・キーゼルバッハ部位を圧迫

左右の鼻の穴を仕切る鼻中隔《びちゅうかく》の前側にある硬い部分がキーゼルバッハ部位。ここから出血の場合、小鼻を親指と人差し指で強く圧迫することで、止血できます。

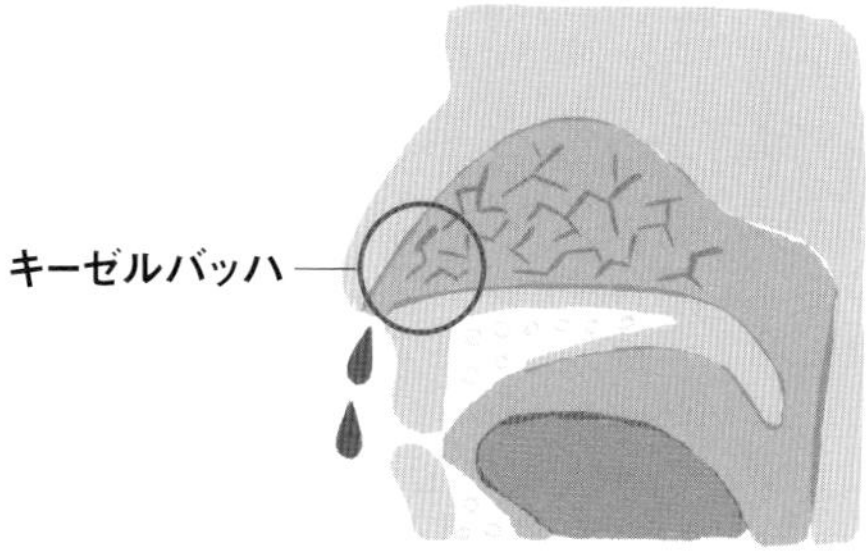

教えて！たけつな先生

出血のときに楽にさせる体勢は？

あごを上げて圧迫すると鼻血が喉に流れ込み、気持ち悪くなることがあります。圧迫はあごを引いて行いましょう。

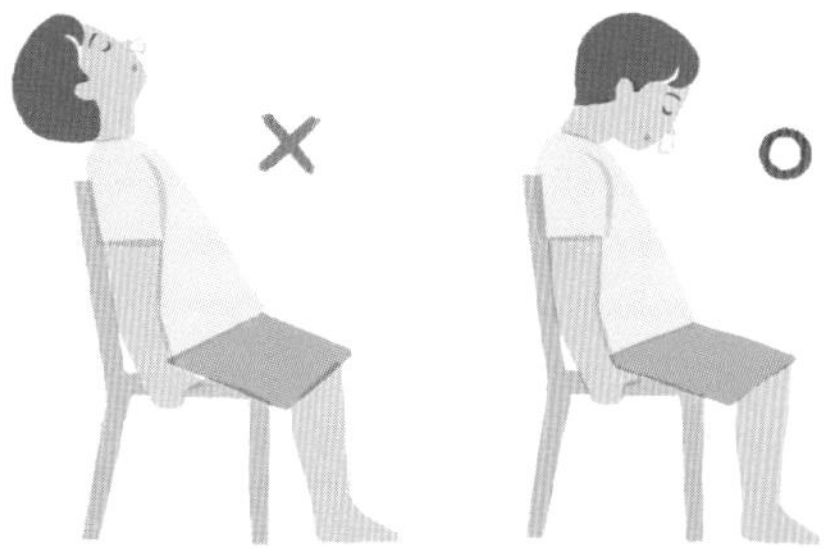

脱臼（肘内障）

腫れがなくて動かしたときに激痛を感じるなら肘内障の可能性

小児科は風邪で受診する子どもが多い中、月に数名ほど「腕が動かなくなった」とやってくる子どもがいます。そのほとんどが、肘内障です。

肘内障は、手を引っ張られたり、転倒時に手をついたり、肘に強い力が加わったりしたときに起こります。肘の骨が靭帯《じんたい》から離れかかって脱臼を起こすため、腕が動かなくなってしまうのです。

腫れることはありませんが、腕を動かそうとすると激痛が走ります。痛がったり、泣いたりすることで、痛みの有無がわかるでしょう。

肘内障は乳幼児に多く、骨や靭帯が成熟する小学生くらいになれば頻度は減ります。

痛みの症状は、骨折やひびにも共通していますが「肘内障は腫れない」、「骨折やひびは腫れる」という違いがあります。

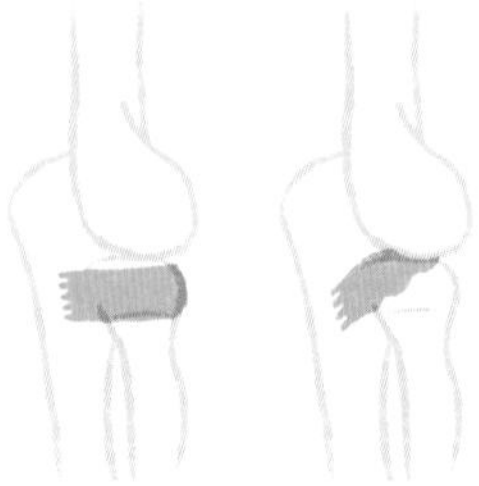

正常な肘　　肘内障の肘

救急 or 病院　チェックリスト

救急車を ★★★　夜間・休日診療へ ★★☆
かかりつけ医の診察時間に受診 ★☆☆

- □ 腫れていないが、腕を動かせない　★★☆
- □ 腕を動かそうとすると痛みがある（赤ちゃんの場合、泣く）　★★☆

治療

・すぐに整形外科や小児科へ

骨折やひびは治癒に数か月かかりますが、肘内障は肘の骨を元に戻す（整復）処置をすればすぐ動くようになります。

しかし、この処置にはコツが必要で、ご家庭で簡単にできるものではありません。誤った方法で行うと症状を悪化させる可能性もあります。

肘内障を疑うときは、整形外科か小児科を受診しましょう。

・とにかく無理に動かさない

肘内障が起こっているときは、少しでも腕を動かすと激痛が走ります。極力動かさないようにして、病院へ行くことが大切です。

・反対側の手をつなぐ

肘内障は一度起こると繰り返し起こりがちです。肘内障になる頻度をみながら、就学前くらいまでは再発を防ぐために、肘内障になっていない側の手をつなぐようにしましょう。

・腫れていたら整形外科へ

腕が腫れて動かない場合は、肘内障ではなく骨折が疑われます。ギプスなどで固定する必要があるので、すぐに整形外科を受診してください。

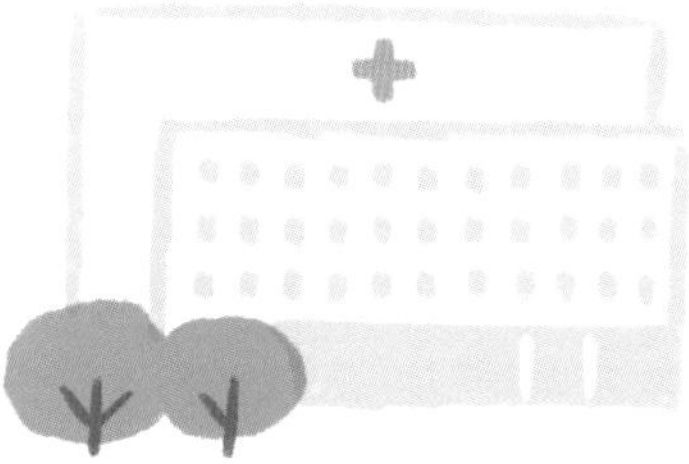

ハイハイが始まる生後7か月頃から事故が起きやすい

誤飲

好奇心旺盛な子ども、特に赤ちゃんは、目の前にあるものや床に落ちているものを、なんでも口に入れようとします。ズリバイやハイハイで動くようになる生後7か月頃からは、誤飲の事故が急増します。

誤飲（気道異物）を防ぐために最も重要なのは、口に入れそうなものを赤ちゃんの周りに置かないこと。置くのは、「口の中に入らない大きさのもの」に限定しましょう。

赤ちゃんが口を開けたときの大きさは、約4センチメートルです。500円玉（直径2・65センチメートル）くらいの大きさのものであれば、飲み込んでしまう可能性があります。

4cmは、トイレットペーパーの芯の直径とほぼ同じです。

救急 or 病院　チェックリスト

救急車を ★★★　夜間・休日診療へ ★★☆
かかりつけ医の診察時間に受診 ★☆☆

- □ たばこの吸い殻が浸かっている水を誤飲した ★★★
- □ 針やピンなど鋭利なものを誤飲した ★★★
- □ 磁石（2個以上）や電池を誤飲した ★★★

治療

・**まずなにを飲んだか、飲んでどれくらい時間がたっているか確認**

誤飲した場合、まずなにを誤飲したかによって、経過観察でよいのか、すぐに受診する必要があるのかが変わります。

飲み込んだものは、約30分で胃から腸へ流れるため、30分以上経過すると胃洗浄（鼻から管を入れて胃の中を洗う処置）ができない可能性があります。詳細がわからない場合は、すぐに受診しましょう。

注意する誤飲物

・**たばこの吸い殻が浸かった水**

たばこ自体の誤飲は、飲み込んだのが2センチメートル以下で、特に症状が出なければ、経過観察で問題ありません。

しかし、吸い殻が浸った灰皿の水を誤飲した場合は要注意です。少量でも吐き気や嘔吐、手の震えといったニコチンの中毒症状が出ることがあり、場合により胃洗浄の必要があります。誤飲の可能性があれば、できるだけ早く受診してください。

教えて！たけつな先生

すぐに吐かせた方がよいですか？

子どもが誤飲した際、吐かせた方がいいのか悩む方が多いと思います。でも、誤飲したものによって対応が異なるので注意が必要です。

例えば、ガソリンなどの揮発性のもの、鋭利なものを誤飲したときは、吐かせると食道の粘膜を傷つける可能性があります。対して大人の薬や殺虫剤、アルコールなどの誤飲は、水分を摂取することで、体内の濃度を下げたり尿から早く成分を出したりできます。

自宅で対応しようとせず、できるだけ早く病院に行きましょう。

・鋭利なもの

針、押しピンなど、鋭利なものを誤飲すると、腸の粘膜を傷つけることがあります。

また、とがった部分が胃や腸を突き破り、ご飯などの内容物がおなかの中にもれ出ることで腹膜炎を併発することもあります。内視鏡で誤飲物をとり除く必要があるため、できるだけ早く受診してください。

・磁石（2個以上）

誤飲した磁石が1個だけであれば、経過観察も可能です。2個以上飲んだ場合は、磁石同士がくっついた際に腸を挟み込むことがあり、挟んだ部分の血流が悪くなり、腸が腐ってしまう（壊死《えし》）恐れがありますので、できるだけ早く受診しましょう。

・電池

使用中、使用後に関わらず、電池はつねに微量に放電しています。誤飲して、食道、胃、腸に長時間停滞した場合、放電の影響で粘膜がただれ、潰瘍《かいよう》を起こす恐れがあります。

特に小さなボタン電池は、子どもの誤飲事故が多発しています。電池の大小、使用の有無に関わらず、子どもが電池を誤飲した可能性がある場合は、すぐに受診してください。

・レントゲンに写らないものも要注意

病院では、レントゲンを撮って誤飲の確認をしますが、プラスチックやビニールは写りません。

レントゲンで確認できないものの中で注意すべきは、角がとがっているプラスチックなど鋭利なものです。それ以外のものは、便とともに排泄《はいせつ》されることが多く、子どもが元気で全身状態がよければ経過観察で差し支えありません。

教えて！たけつな先生

誤飲した！　対応に迷ったらどうしたらいい？

生後３か月頃から、赤ちゃんは興味のあるものをなんでも手につかみ、口に入れるようになります。およそ３歳頃までこの行動は続きますが、たばこや化粧品などを口に入れてしまい、ものによっては重篤な症状を引き起こす場合もあります。こういった「誤飲事故」が起きたときに相談できる窓口が「中毒１１０番」です。

中毒110番とは

日本中毒情報センターが行っているサービスで、たばこや家庭用品、医薬品や自然毒などを飲み込んでしまった場合に、救急要請が必要なのか、それとも自宅で対応できるのか対処方法に迷った際に中毒情報の専門家からアドバイスをもらえる専門ダイヤルです。

家庭用品	乾燥剤、化粧品、たばこなど
医薬品	医療用医薬品、一般用医薬品（OTC薬）
農業用品	殺虫剤、殺菌剤、除草剤、肥料など
自然毒	フグ、マムシ咬傷、きのこなど
工業用品	硫化水素、化学薬品など

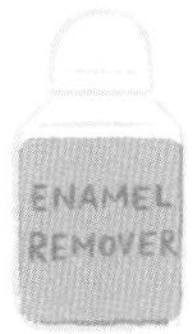

相談したいと思ったら

誤飲してしまった、また誤飲が疑われる場合にはただちに以下の電話番号に電話をかけ、専門家からの指示を仰ぐようにしましょう。

一般専用電話（情報提供料：無料） ※留守番電話はありません

大阪 中毒110番	072-727-2499	365日・24時間対応
つくば 中毒110番	029-852-9999	365日・9～21時対応
たばこ誤飲事故専用電話	072-726-9922	365日・24時間対応

おぼれた（溺水《できすい》）

厚生労働省の「人口動態調査」によると、2015〜2019年の5年間に起きた子どもの溺水事故のうち、浴槽など家庭で起きる溺水は0〜1歳に多く、海や川などでの溺水は、5歳以上に多く発生しています。

浴槽での溺水が起こる要因には、子どもが浴槽をのぞき込もうとした際の転落などがあります。子どもは頭が重く少し身を乗り出しただけでも、バランスを崩してしまいます。

浴室や海、川など水のある場所では子どもから絶対に目を離さない、1人にしないことが最も重要です。

万一溺水が起こった場合、おぼれた直後に水から出すことができ、子どもの顔色や活気がよければ、様子見で大丈夫です。

もし、周囲に家族などがおらず、いつおぼれたのか状況がわからない場合は、生死に関わるため、すぐに救急車を呼んでください。

救急 or 病院　チェックリスト

救急車を ★★★　夜間・休日診療へ ★★☆
かかりつけ医の診察時間に受診 ★☆☆

- □ 意識がない ★★★
- □ 呼吸がない ★★★
- □ 痛みの刺激を与えても反応がない ★★★
- □ 心臓の音が聞こえない ★★★
- □ おぼれた直後で意識があり、顔色が悪くない ★★☆

治療とおうちケア

・まずは意識の有無を確認

おぼれた直後は、水を飲んでいても、すぐに意識がなくなることはありません。しかし、数分でもおぼれると息ができず、意識がなくなることもあります。溺水が起きたら、まずは意識の有無を確認してください。

泣いているなど意識があり、顔色も悪くなければ、落ち着いてから病院を受診しましょう。

1歳前後の歩けない乳幼児は、3センチメートルほどの深さの水でも、口と鼻がふさがれて、おぼれることがあります。浴槽の水はためっぱなしにせず、常に抜いておくことが大切です。

・意識がなければ救急車を

「足をつねる」「たたく」など痛みの刺激を与えてみて、子どもの反応があればすぐに病院を受診しましょう。刺激に反応がみられない場合は、救急車を呼んでください。

その際、反応がない上に「呼吸をしていない」「胸に耳をあてても心臓の音が聞こえない」ときは、心臓マッサージをしながら救急車の到着を待ちます。心臓マッサージは、肩にバスタオルなどを入れてあごを上げ、肺に空気が入る体勢で行ってください。

意識の確認方法

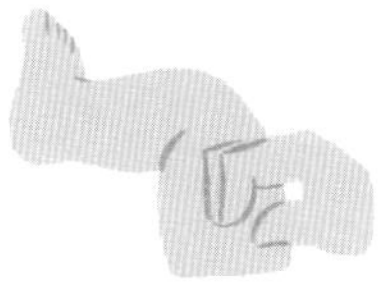

言葉がまだ出ない乳児は、太ももをつねるなどして、意識の確認を。

教えて！たけつな先生

心臓マッサージのやり方は？

片方の手でおでこを押して頭を反らせ、あごを上げた姿勢にして気道を確保します。次に、胸の中心を1分間に100回くらいのスピードで押します。押す際は、胸の厚みの1/3がくぼむくらいの強さでぐっと押し込みます。

1歳未満の場合

2本の指で胸の中心を押します。

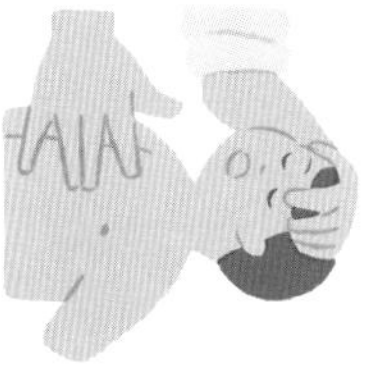

1歳以上の場合

手のつけ根で、胸の中心を押します。8歳以上の子どもの場合は、体格が大きいので大人と同様に両手で押しても。

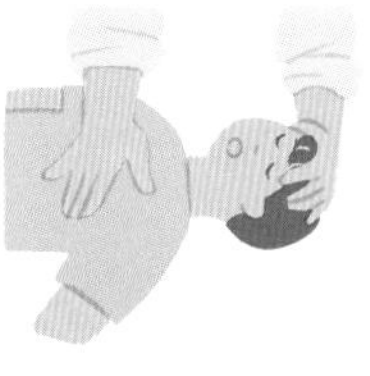

蜂さされ、蛇やペットに噛まれたら病院で治療を

虫さされ（虫刺症《ちゅうししょう》）・動物咬症

夏になると、草むらや川など虫がたくさんいる場所で遊んで、虫にさされる機会が増えます。

虫さされは、衣服に覆われていない露出した手足に多くみられます。そのため、衣服の下にできた湿疹は、虫さされではない原因を考えた方がよいかもしれません。

虫さされによる湿疹は、赤みがあり少し盛り上がっていて、さし口があるのが特徴です。かゆみや痛みを伴い、複数できることも少なくありません。

虫さされの原因で多いのは、蚊やダニです。ほとんどの症状は緊急性がなく、ステロイドや非ステロイド系外用剤で軽快します。

ただし、蜂にさされたとき、蛇やペットに噛まれたときは、抗生剤を含めた特殊な治療が必要となります。

救急 or 病院　チェックリスト

救急車を ★★★　夜間・休日診療へ ★★☆
かかりつけ医の診察時間に受診 ★☆☆

- □ 蜂にさされたとき
  - ・呼吸困難、意識がない、けいれんしている ★★★
  - ・冷や汗をかいている、呼吸が早い、ぐったりしている ★★☆
- □ 蛇やペットに噛まれた ★★☆
- □ 虫にさされた部分がパンパンに腫れている ★☆☆
- □ 虫にさされた部分のかゆみが強い ★☆☆

治療

・かゆみはかかずに塗り薬を

虫さされは、かきむしると雑菌が入って炎症が起き、皮膚が赤くパンパンに腫れる蜂窩織炎《ほうかしきえん》になることも。ステロイドなどの抗炎症剤や抗生剤入りの塗り薬でかゆみを抑えましょう。かゆみがひどい場合は抗アレルギー内服薬で治療します。

・ペットに噛まれたら、洗う

犬、猫などのペットの口の中は雑菌が多いので、噛まれたら患部を流水でしっかり洗って病院で受診を。

治療では、細菌感染を防ぐ抗生剤を投与します。

・蛇に噛まれたらすぐ病院へ

蛇は、種類により噛まれたときの症状が異なります。例えば、マムシは腫れが強く出て、ヤマカガシは出血が長引きます。どの場合も入院治療が必要なので、できるだけ早く病院を受診してください。

・蜂は毒と針を抜き、すぐ受診

蜂に複数回さされたときは要注意です。湿疹や呼吸困難、血圧低下などアナフィラキシーといわれる状態となり、命の危険性があるからです。

蜂にさされたら、まずは毒素を口で吸い出し、針が残っていれば抜きます。そして、ただちに病院を受診してください。

教えて！たけつな先生

子どもの頭にしらみが！　対処法は？

しらみの正式名称はアタマジラミで、髪の毛に寄生し、皮膚から血を吸います。ドラッグストアで売っている「スミスリン®シャンプー」を10日間ほど使用して、駆除します。

寝具や衣類を介して家族にうつる可能性があるので、子どもの頭にしらみを見つけたら、シーツや衣類は毎日洗濯を。その際、55℃以上のお湯に5分以上浸けてから洗ったり、乾燥機にかけたり、アイロンがけをするなどの感染対策をしましょう。

熱中症

子どもは熱中症にかかりやすい。水分、塩分の摂取をこまめに

熱中症は、暑さで体温が上昇する際、体温調節がうまくいかずに水分や塩分のバランスが崩れ、高熱、倦怠感《けんたいかん》、嘔吐などが引き起こされる状態です。

子どもは、体温調節機能が未熟で、体の水分量が多く脱水になりがちなので、大人より熱中症にかかりやすいといえます。

気温が29℃を超えると、熱中症のリスクが高まります。梅雨が始まる5月末から、運動会シーズンの9月末頃までは注意しましょう。

梅雨時も熱中症は発生します。湿度が高いと発汗に気づかず水分摂取が少なくなったり、まだ肌寒い日もあり厚着をして体に熱がこもりやすくなったりすることが原因です。

梅雨も意外と熱中症リスクが高い時期だということをぜひ知っておいていただき、お子さんの体調管理に気をつけましょう。

救急 or 病院　チェックリスト

救急車を ★★★　夜間・休日診療へ ★★☆
かかりつけ医の診察時間に受診 ★☆☆

- □ 意識がはっきりしない ★★★
- □ 脈が弱い ★★★
- □ 嘔吐を繰り返して水分がとれない ★★☆
- □ 強い頭痛がある ★★☆
- □ 体が熱っぽく、汗、尿の量が少ない ★☆☆

おうちケア

・涼しい環境に移動

熱中症は、体に熱がこもっている状態です。症状が出たら、日陰や冷房の効いた室内に移動してください。

できるだけ室温を下げて、体を冷やす環境を作ることが大切です。

・できるだけ水分、塩分を摂取

熱中症は、体の水分が不足した状態で、汗や尿の量が減ります。水分をしっかり摂取することで、脱水が改善し、発熱などの症状も次第によくなっていきます。

また熱中症は、発汗により水分のほか塩分も失われます。予防には、こまめな水分補給のほかに塩分もとることが大切です。水やお茶よりも、スポーツ飲料や経口補水液がおすすめです。

・保冷剤で太い血管を冷やす

体温を下げるには、体の表面に近い太い血管を冷やすと効果的です。

保冷剤や氷のう、冷やしたタオルなどを、首や脇、足のつけ根にあてましょう。

おでこには太い血管がないので、解熱効果はそれほどありません。

冷やす場所

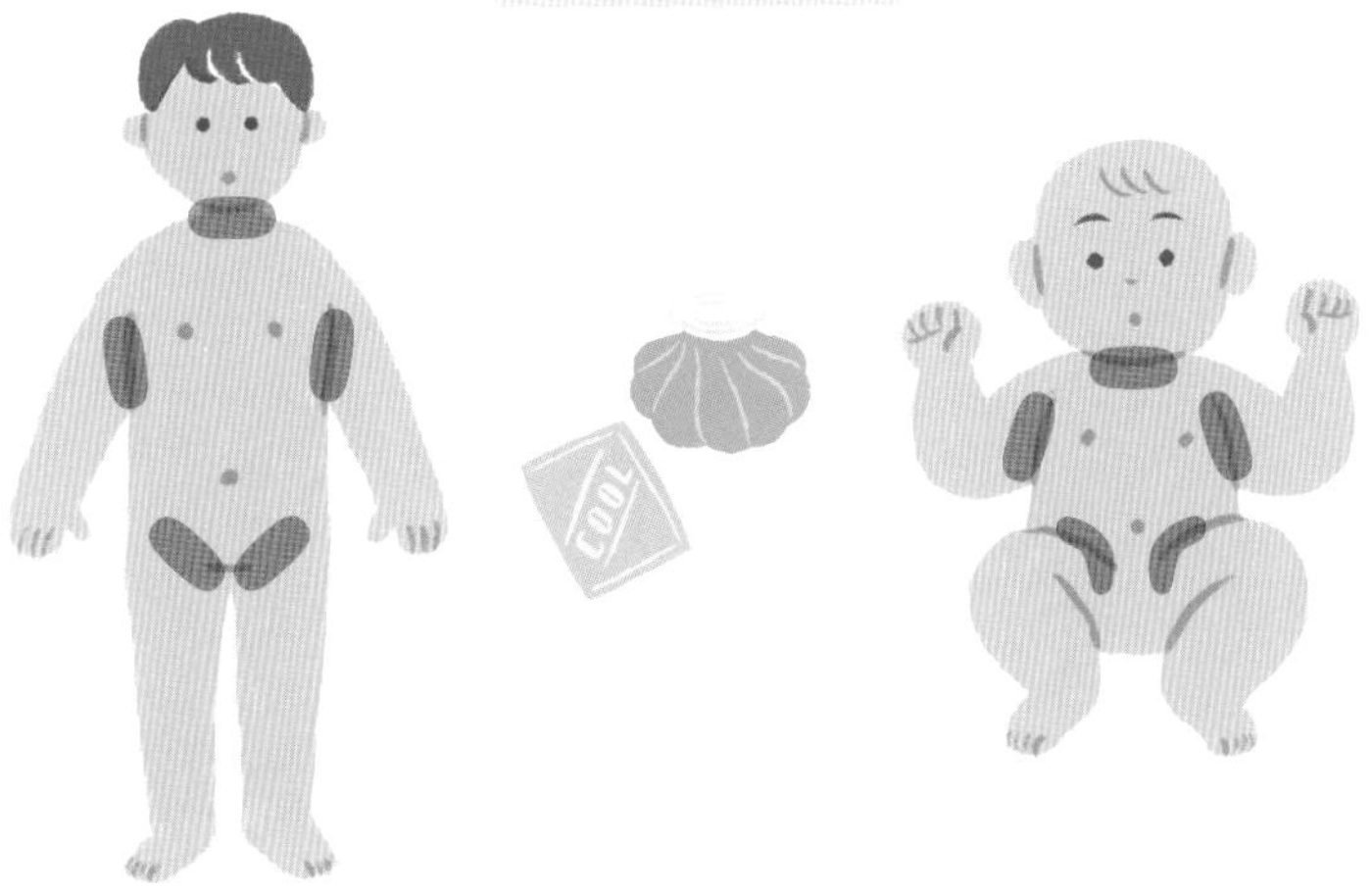

COLUMN

「ベビーカー熱中症」に注意!

熱中症の原因は、炎天下でのスポーツや公園遊びだけではありません。

乳幼児に多い、ベビーカーでの熱中症にも気をつけてください。

ベビーカー熱中症とは?

ベビーカーやバギーには、サンシェード（幌《ほろ》）がついているので、「日よけになっている」「ベビーカーの中は涼しい」と考える方がいます。

でも、ベビーカーのシートは地面に近いため、地表の熱や照り返しによってベビーカー内の温度は高温になっていることがあります。例えば、気温が32℃であっても、地表は36℃になり、ベビーカーの中は35℃近くまで温度が上がっている場合もあります。

まだ言葉を話せない赤ちゃんは、「暑い」と訴えることもできませんし、熱中症の症状である、頭痛やめまいを訴えることもできません。子どもは体温調節機能が未発達なため、自分で熱を逃がすことができず、熱中症になりやすいので、こまめに様子を確認してあげてください。

熱中症、脱水症状の対策に常備したいもの

- **保冷剤**
- **小型の扇風機、うちわ**
- **経口補水液**

ベビーカー熱中症にならないよう、水筒を持ち歩くほか、クールシートやクールピローなどの保冷剤をベビーカーに敷いたり、小型の扇風機をとりつけたりして、ベビーカー内の温度を下げる工夫を。脱水症状になったときの備えとして、自宅に経口補水液を常備するといっそう安心です。

第 4 章

子どもの「発育・発達のお悩み」Q&A

「ほかの子よりも成長が遅い？」「できないことが多い？」
子どもの個性なのか、特性なのか、子育ての悩みは尽きません。
「病気ではないけど……」と、ママやパパから寄せられる、
0歳から就学後の子どもに関する、発育や発達の悩みに回答します。

子どもの健康に関する悩みは、「病気」だけではありません

病院は、「病気になったら行くところ」だと思っている人も多いようです。

でも、小児科は違います。私は、「病気じゃなくてもきてほしい」と思っています。

それは、予防接種や健診にきてほしいというお話ではありません。

普段の生活の中で気になっていることや、ちょっと悩んでいること、お子さん本人や親御さんが困っていることがあれば、相談していただきたいのです。


たけつな小児科クリニックでも、病気とも、ケガとも、事故とも違う、いろいろな相談を受けます。

「病気では、なさそうなんですが」「どこに相談したらいいかわからなくて」と、申し訳なさそうにお話を始める方もいらっしゃるので、この章では、私のもとに届いた「子どもの健康」「子どもの発育・発達」に関するお悩みを、一問一答形式でご紹介したいと思います。

病気以外の相談で多いのは、発育と発達について

一問一答形式で、親御さんから寄せられたご相談、ご質問にお答えする前に、平均的な発育の目安についてお伝えしておこうと思います。

それは、ほとんどの親御さんの病気以外の「困りごと」は、発育と発達についての悩みが多いからです。たしかに、公園や児童館、健診や予防接種など、同じ月齢、年齢の子どもたちが集まると、我が子の発育の状態が気になるものです。

「普通なのか」「遅いのか」「ちょっと変なのか」といった相談を受けた場合に、私が診ているポイントや「目安」をご紹介しますが、あくまでも「目安」なので、あまり神経質にならず、心配なことは、かかりつけの小児科医に相談するようにしてください。

●生後1か月〜6か月

生後1か月から6か月の間で、おそらく生後1か月と3〜4か月の2回は、小児科医が健診を行っていると思います。

この時期に私が診ているポイントは、主に体重の増加に問題がないか、首の座りや見た目(外表的)に異常がないか、皮膚の状態、股関節の異常はないかです。

・**生後7か月〜**

生後7か月では平均的には寝返りができていて、お座りができるようになります。生後8か月頃からハイハイを始める、生後10か月頃からはつかまり立ちができるようになります。

・**1歳〜**

生後1歳でもまだ成長に個人差があります。しかし生後7か月頃に比べると、それほどばらつきが大きいわけではありません。1歳前後の健診では、運動発達に加え、言語発達、歯科的なチェックをします。

早い子どもであれば1歳頃より「パパ」「ママ」などの言葉が出てきます。

・**1歳6か月〜**

1歳6か月では、ほとんどの子どもが1人で歩けるようになります。

・**2歳〜**

2歳くらいから「ママ、どうぞ」などの2語文が出てくるようになります。言語の発達は環境によって個人差がありますが、健診でも言語の発達に遅れがないかを観察します。

また、保育園や幼稚園で給食が始まる子も増えるため、食物アレルギーに関する相談も増えます。

3〜4歳

この頃になると、ほとんどの子どもが幼稚園や保育園に通園し、家族以外の同じ年齢の子どもとコミュニケーションをとるようになります。とはいえ、まだ周りに配慮し、行動できる能力は十分ではありません。自分の意思を優先して行動することも多くみられるので、「乱暴だ」とか「変わっている」と決めつけるのは時期尚早です。集団生活全体をみて、言語、社会性、精神発達の面で評価することが大切です。

5歳〜

翌年から就学する年齢になるので、発達に関する相談が増える傾向があります。

また、ほとんどの子どもが園以外にも、プール、バレエなどの習いごとを始め、複数のコミュニティに所属するようになり、家族以外とコミュニケーションをとる機会が増えます。

周りを見ながら自分がなにをしなければいけないかなど、社会性がより成長する時期なので、個人だけでなく集団での適応などを観察して、様子を見守ることが大切です。

Q 太もものしわの数が左右で違います。そういうもの？

A 足をM字に開かせたときに左右差がなければ問題ありません。

太もものしわの数や位置に左右差がある場合は、先天性股関節脱臼といわれる、生まれつき、または生まれたあとに足を引っ張るなどによって足のつけ根が脱臼している疑いがあります。脱臼しているので痛みを伴うと思うかもしれませんが、痛みはありません。

先天性股関節脱臼を疑うサインとしては、①太もものしわの数、位置に左右差がある、②おむつを換える際に足の開き方（可動域）に左右差があるときです。ただし、生まれつき関節の硬い赤ちゃんもいるので、先天性股関節脱臼を疑うときには健診などで小児科の先生に相談しましょう。整形外科でレントゲンなどの精密検査を行い、場合によっては装具をつけて矯正します。

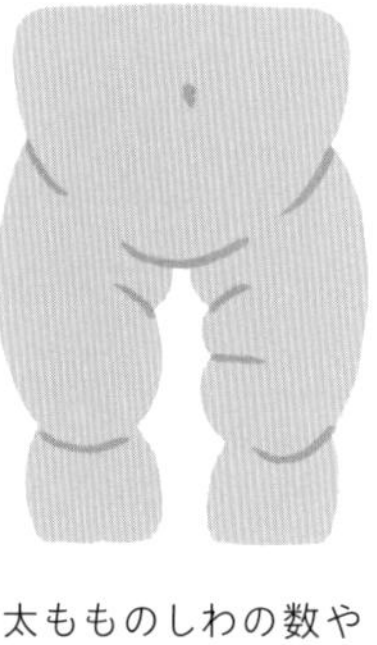
太もものしわの数や位置に左右差がある。

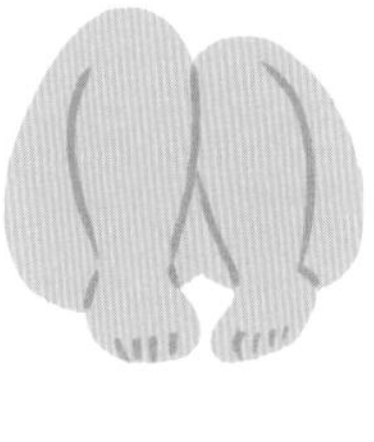
ひざの高さに左右差がある。

足の開き方に左右差がある。

Q うちの子は「首が座っている」のでしょうか?

A 生後4か月までに首が座っていれば問題ありません。

首の座りがわからなければ、抱っこのときなど首を支えてあげてください。よほど荒々しい動きをしない限り首を痛めることはないので、無理のない体勢で赤ちゃんを抱いてあげましょう。

1歳までの赤ちゃんは、首の座りなどを含めた運動発達に個人差があります。生後3か月で首が座っていなくても、心配することはありません。

首の座りは、①ベッドなどに寝かせた状態で両肩をゆっくり持ち上げたときに首が後ろに残るかどうか、②肩を45度くらいに持ち上げたときに体と首が平行になっているかが目安です。

現在は生後2か月からほぼ1か月おきにヒブ(インフルエンザ桿《かん》菌《きん》)や肺炎球菌などの予防接種で小児科を受診するタイミングがありますから、そのときに首の座りも見てもらいましょう。

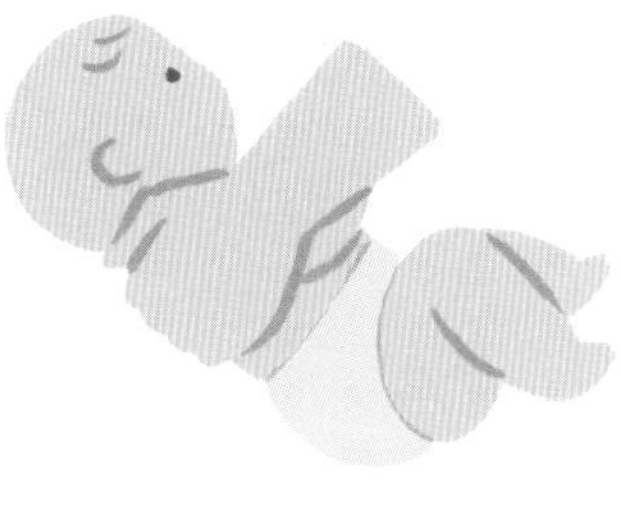

肩を持ち上げたときに首がついてくるか。

Q まだ4か月ですが、公園への散歩や外出はしてもいい？

A 生後4か月頃からは外出OK！

生後3か月未満の赤ちゃんは、お母さんの免疫でウイルスの感染を防げるため、基本的にインフルエンザなどお母さんがかかる感染症以外はかかることがありません。しかし、保育園などに通う子どもとの接触などで感染症をもらうリスクは上昇します。そのため、3か月未満の赤ちゃんは極力自宅で過ごすようにしましょう。

生後4か月頃からは、赤ちゃん自身の免疫ができ始めます。発熱してもすぐに入院する必要はなく、公園の散歩や買い物など無理のない範囲での外出は問題ありません。

しかし、まだ首が座っていない赤ちゃんがベビーカーに乗ると、振動で首に負担がかかる可能性があります。ベビーカーで出かけるときは、完全に首が座っていることを確認してからにしましょう。

Q
生後8か月でお座りができないのは遅い？

A
つかまり立ちができそうな状況であれば経過をみても大丈夫です。

生後7～8か月の赤ちゃんの発育は個人差が大きく、できること、できないことを全体的に見ていくことが大切です。つかまり立ちができそうなのであれば、足の筋肉や股関節の異常はないと考えてよいでしょう。

お座りができない原因として、赤ちゃんは頭の重さの占める割合が大きいため、バランスをとりにくいこと、体幹がまだしっかりしていないことが考えられます。

体幹を強くする方法を1つご紹介します。家族の膝に赤ちゃんを前向きに座らせたら、ご家族の胸と赤ちゃんの背中をくっつけないようにして腰を支えます。すると赤ちゃん自身がバランスをとろうとします。この練習を繰り返すことで、自然とお座りができるようになるでしょう。

Q 家族以外が抱っこをすると泣き止みません！

A 人見知りが始まったのでしょう。問題ありません。

赤ちゃんの人見知りは、個人差がありますが、生後6か月頃から始まります。小児科医が赤ちゃんの人見知りが始まったことを確認するのは、7か月健診の頃です。それまで毎月の予防接種では、注射をするまでいつもニコニコだった子が、突然診察室の椅子に座った途端、泣き出すようになります。

人見知りは、赤ちゃんが目の前の人間を自分の味方（家族）かそうでないかを見分けている状況で、赤ちゃんの発達には必要な反応です。

家族であっても赤ちゃんとあまり接する機会のない人には、人見知りが起こることもあります。そんなときは、できるだけ赤ちゃんの側にいて「この人は自分にとって安全な人なんだ」と認識させることが大切です。

もし赤ちゃんに人見知りがまったくみられないときは、自閉症などの発達障害が隠れている可能性もあります。ただし、2歳前

後から人見知りが始まる子どももいるため、人見知りがないだけで必ずしも発達障害というわけではありません。

Q 頭の形が気になります。心配ない？

A 頭の形が変形していても、首の座りやお座りなど運動の発達に問題がなければ心配はありません。

赤ちゃんは頭が大きいため、お母さんの産道を通ってくるときに、頭の骨を重なり合わせ一時的に頭のサイズを小さくして生まれてきます。その後、頭の形はだんだんと変わり、生後10か月〜1歳までに形が決まります。

特に生後6か月頃までは、頭の骨はやわらかく変形しやすい時期です。この時期に「同じ方向ばかり向いて寝る」といったことがあると、後頭部が「絶壁」といって平らになったり、頭の形が左右非対称になったりすることがあります。

もし気になるようであれば、矯正もできます。頭のサイズは体格に合わせて大きくなっていくため、生後1歳を超えても矯正できる場合があります。数は少ないですが、専門的に治療をしている脳外科などに相談するとよいでしょう。

ただし、運動発達に問題がなく外見的（美容的）な側面が大きい場合は、矯正具をつける子どものストレスや通院の負担なども考慮しながら、慎重に進めることが大切です。

Q 1歳で歯が4本しかない。大丈夫？

A 歯が1本でも生えていれば、様子を見て大丈夫です。

1歳の子どもの歯は、4～8本生えていることが多いですが、歯の生え方には個人差があります。1本でも生えていれば、1歳半頃までは様子を見ても差し支えありません。

まったく歯が生えていない場合は、今後歯が生えてくるのかどうかの判断が必要となりますので、小児科に相談してください。

また、歯が生えていたとしても癒合歯《ゆごうし》といって隣り合う2本の歯がくっついた状態で生えていたり、前後に重なって生えていたりして、歯の並びが左右非対称なときは、歯科の先生に相談しましょう。

生後1か月から生えてくる歯は乳歯であり、6歳頃から永久歯に生え変わっていきます。

1歳で歯の異常があるからといって、慌てて矯正を行ったり、治療をしたりする必要はまずないでしょう。

Q 1歳で一人歩きができなくても問題ない？

A 少しでも伝い歩きができていれば問題ないでしょう。

歩行は個人差が大きく、「1歳で歩けなければ発達が遅い」とは一概にいえません。

「歩く」という動作には、足腰の筋力、股関節、体幹のバランス、さらに本人の歩こうとする意志などが複合的に影響します。

まずハイハイができていれば、足腰の筋力や体幹に異常はないでしょう。ただし、片足だけ伸ばしたまま移動するなど、左右非対称の動きがあれば、股関節の異常が疑われることもあります。

歩行には本人の意志も大切です。すぐ抱っこされる環境だとなかなか自発的に歩こうとしないので、積極的にトレーニングしましょう。子どもと対面した家族が少しずつあとずさり

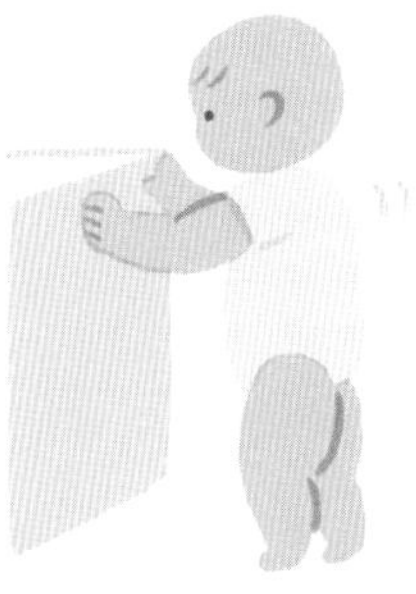

をして、本人の足を出させる運動が効果的です。
ときどき手を離して自分でバランスをとることも練習してみてください。

Q 2歳でスマホ大好き。動画を見せてもいい？

A スマホやタブレットを見ることは問題ありませんが、長時間の使用は視力の低下をまねくことがあります。必要最小限の使用にとどめましょう。

スマホやタブレットが原因とは一概にいい切れませんが、視力の悪い子どもが増えています。文部科学省が調べた、２０１５年度の学校保健統計調査（速報）によると、視力１・０未満の園児の割合は、１９７９年は16・４％でしたが、２０１５年には26・８％まで上昇しました。これを踏まえ、日本小児科医会では「スマホやタブレットの使用は１日２時間以内にすること」を推奨しています。

スマホやタブレットは、子どもが楽しんでいる間に、家族が家事や仕事などを集中して行えるというメリットがある一方、子どもに言語発達やコミュニケーション障害が出る可能性もあります。あらかじめ視聴時間を決めるなど工夫するようにしたいものです。

Q 3歳で2語文しか話せないのは、遅い？

A 簡単な指示がわかり、家族との会話で違和感がなければ問題ありません。

言語発達に問題がある場合、大きく分けて2つの原因が考えられます。1つは、言葉そのものが理解できていないこと。もう1つは、理解はできているが言葉のボキャブラリーが少なく、いいたいことがいえないということです。

「ある程度の言葉が理解できていて2語文が出ている」という状態は、相手からの指示が理解できているため、後者が原因であると考えます。本の読み聞かせをしたあと、質問をするなどして、子どもの語彙数《ごいすう》を増やしてあげることで、徐々に3語文が出てくるでしょう。

もし3歳になって「ある程度の理解はしていても、単語しか出てこない」という場合には、言語発達の遅れも考えられるため、小児科の先生に相談するようにしましょう。

Q 3歳半健診で、色が答えられませんでした。

A 絵を描いたときに、違和感のある色を使用していなければ、様子見を。

3歳半では、まだ色の認識を十分にできないことがあります。実際、私が3歳半健診をしている中でも、1割弱の子どもは色を正しく答えられません。

原因としては、ものの色がきちんと見えていない「色覚異常《しきかくいじょう》」はないものの、見えている色と、「青」「赤」「白」という色の名前が子どもの中でひもづいていないことや、恥ずかしさで正しく答えられていないケースもあります。

色覚異常が気になったら、子どもが描いた絵の色に注目してみてください。

例えば、「目の色が赤い」など使っている色に明らかな違和感がないかどうかで、色覚異常の有無を確認することができます。

お子さんの絵をいろいろ見て、色について気になることがあれば眼科を受診しましょう。

Q 園での集団行動が苦手です。個性？　発達の問題？

A 園の先生からの指摘がなければ様子を見ても大丈夫です。

ヒトの生活を形成する要素として、「発達」「性格」「家庭環境」の3つがあると私は考えています。

「発達」は「発達に問題があるかどうか」という意味です。発達障害とは、性格的な問題ではなく、先天的にある精神的、行動的な問題で、集団行動ができない、こだわりが強い、家族や先生の指示に合わせて行動できない状況を指します。

「性格」は生まれ持った先天的な要素のことです。発達障害とは異なり、シチュエーションによっては指示が通り、行動できることも多々あります。

「環境」については家族との関わり方を指します。これは後天的な要素なため、友達や家族とのコミュニケーションの頻度を増やすことで改善することもあります。

いずれにせよ、園の先生は同じ年齢の子どもを毎日客観的に見ているため、先生の指摘には耳を傾けておくことが大切です。

Q 「カ行」「サ行」がうまく話せません。訓練が必要？

A 構音障害といわれる状態です。程度にもよりますが、言葉の意味が理解できているのであれば、就学1年前くらいに小児科の先生に相談しましょう。

家族や園の先生の話が理解できたり、友達とのコミュニケーションがある程度とれていたりするのであれば、年長になるまで様子を見ても差し支えありません。

構音障害になるケースは、舌や口の中の構造的な問題や、自分の発音で相手が理解していると本能的に思ってしまっている状況などが考えられます。

直すためには、まず文字「あ」「い」「う」「え」「お」の五十音をはっきりゆっくりと発音させるようにしましょう。

また、家族が子どものいっている内容を理解できたとしても、発音が不明瞭な場合は聞き直して、子どもに「伝わっていないのかも」という認識を持たせることも大切です。

Q 「こだわり」が強く、来年からの学校生活が心配。

A こだわりの強さだけであれば様子を見ても大丈夫です。園での集団生活に支障が出ているようであれば、小児科医に相談を。

こだわりが強かったとしても、園で問題なく集団生活を送っていて、園の先生から指摘がなければ、様子を見ても大丈夫です。

逆に、家族が心配していない状況でも、園の先生から、生活上なにかしらの指摘があれば、園の先生と相談し、どういう状況なのかを把握して、必要があれば小児科医に相談するようにしましょう。

こだわりの強さだけでなく、多動傾向などの行動異常がある場合、発達の遅れ、または性格的な問題が隠れている可能性もあるためです。

多くは夏休み前から就学後の準備が始まります。もし、事前に就学準備が必要な場合は年長に上がる前の春休みなどを利用し、小児科の先生に相談することをおすすめします。

Q 体が揺れて長時間座っていられない。これって普通？

A 年長児であれば、就学を見据えて小児科の先生に相談を。

基本的に、長時間座っていられなくても、さして問題はありません。

しかし、ある程度の時間座っている環境を維持できなければ、就学後、授業中に座っていられないという問題が起き、結果、学習についていけなくなることも考えられます。

そのため、場合によっては長時間座っていられるよう訓練する必要があります。

長時間座っていられない原因として、多動傾向などの発達の問題、性格的な問題に加え、体幹が弱い場合などが挙げられます。

多動傾向などの場合、療育《りょういく》で行う訓練によって、体幹が弱い場合は作業療法の一環である「感覚統合療法」を行ったり、体操教室などに通って体幹を鍛えたりすると、長時間座れるようになります。家庭の環境に合った方法で訓練するようにしましょう。

感覚統合とは、五感（視覚、聴覚、触覚、嗅覚、味覚）のほかに、手足、筋肉の伸び縮み、関節の動きなどから感じる固有受容覚、体の傾きや動き、スピードなどを感じる前庭覚《ぜんていかく》といった感覚を、受けとったあとに動作として、体を連動させることです。

これらの感覚が統合整理できないと、各感覚がばらばらに働き、行動や思考に混乱をきたします。そうなると、集中力が続かなかったり、外部からの刺激に過剰に反応したりなど、社会生活を送るのが難しくなることがあります。

感覚統合訓練とは、それらの感覚を交通整理するように、スムーズに腕や足、体を動かせるようにする訓練です。

少し離れたかごにボールを投げ入れるなどのトレーニングを行い、感覚（五感）と手足、体の運動がスムーズに行えるように訓練します。

Q 5歳ですが、おねしょが治りません。

A おむつがなかなか外れない場合は、早めに夜尿症の治療をした方がよいでしょう。

夜尿（おねしょ）は夜寝ているときにしか起きません。日中の生活には問題がないため、寝るときにだけ「おむつを使用すればよい」と考えるご家族もいらっしゃいます。

しかし、なかなか夜尿が治らず、小学校高学年にある野外活動や修学旅行の直前に夜尿を止めたいと受診される場合もあります。

夜尿の治療としては、尿の再吸収を助けるホルモンを薬で補充する方法と、眠っているときに尿意が出たらアラームが鳴るような機械を使用し、起こしておしっこに行かせることで夜尿を改善させる2つの方法があります。

しかし、そうしたトレーニングをしなくて済むのが一番です。

「いつかは夜尿もおさまるだろう」と考えるのではなく、小さい頃からおむつは早めに外すよう、トイレトレーニングをしっかり行いましょう。

Q 小1ですでに勉強が苦手。なにか原因がある?

A テストの成績の問題が発達によるものかを判断する目的で、発達検査を受けることも検討しましょう。

テストの成績が振るわない原因が、ただの「勉強嫌い」なのか、学習障害なのか。悩んで相談にくるご家族がいらっしゃいます。

もし、学習障害によるものであれば、原因は主に2つ挙げられます。

1つは、自閉症やADHD、知的な問題などの発達障害があり、二次的に学習障害に陥っている場合。

もう1つは、発達に問題はないものの、字が読めない、書けないなどの識字障害で学習ができていない場合です。

これらは、発達検査を受けることで見つけることができるので、小児科の先生に相談して、発達検査を受けてみてもよいかもしれません。

発達検査は、言語の理解、認知行動力、記憶力、処理速度などを判断するテストです。同年齢の子どもが平均的にできることを100としたときに、お子さんご自身がどの程度できているかを相対的に判断し、DQ（発達指数）と呼ばれる数値で100より上か下かを示すものです。

そのため、年齢が上がり、できることが増えたとしても、あくまで相対的に判断するため、発達検査の結果がよくなるとは限りません。

就学後に発達検査を受ける場合は、幼児期に比べ、発達本来の差が小さいため、2年くらい間隔をあけて受けるのが適切です。

Q 半年くらい腹痛、下痢を繰り返しています。

A ストレスなどによる場合もあるので、精密検査を含め、小児科を受診しましょう。

ロタウイルスやノロウイルス、アデノウイルスなどのウイルス性胃腸炎でも、症状が長引いても3週間程度で改善します。

1か月を超える腹痛や下痢がある場合には、胃や腸に異常がないかを確認するため、小児科を受診するようにしましょう。

小学校高学年にもなると、友達関係や学校、ときには塾や習いごとなどで本人に自覚症状がなくても体に負担がかかり、下痢などの症状が出る過敏性腸症候群を起こすこともあります。

発症初期は鎮痛剤や整腸剤を内服しながら日常生活を送ることができますが、次第に症状が悪化し、不登校や食事量が減るなど、日常生活に支障が出ることもあります。

Q 朝起きられず、遅刻や欠席が目立ちます。

A 学校に行く意欲があり、学校でのトラブルもない様子であれば、血圧を維持する機能の異常が隠れている可能性があります。日常生活に支障が出ているのであれば小児科を受診しましょう。

朝起きられない原因として、自律神経の調節がうまくできない「起立性調節障害」や、心理的な問題（心身症）などが考えられます。

起立性調節障害が疑われる場合は、横になっているときの血圧と座っているときの血圧を小児科で検査する必要があります。立っているときの血圧を測定し、血圧が維持できなければ起立性調節障害の診断になります。

ただし、1回の検査では確定できないこともあるため、経過を見る必要があるでしょう。心理的な問題で学校に行けない場合は、夏休みなどの長期間学校に行かない時間を挟むことによって、新学期にはすんなりと登校できることもあります。

いずれにしても1か月以上起床できない症状が持続しているようであれば、小児科を受診するようにしましょう。

COLUMN

乳幼児健診で、先生はなにを診ているの?

小児科の先生は、どこを診て発育・発達を確認しているのでしょう。
乳幼児健診の月齢、年齢ごとに、ポイントをまとめました。

生後1〜6か月

- **体重の増加**
- **首の座り**
- **皮膚の状態**
- **股関節の異常**
- **外見の異常**

生後7か月〜

- **人見知り**（精神的な発達）
- **運動機能**
（運動機能の発達、寝返り、お座り）
- **ハイハイ**（生後8か月〜）
- **つかまり立ち**（生後10か月〜）

1歳〜

- **運動発達**
（伝え歩きができるか?
歩行に問題ないか?）
- **言語の発達**（単語）
- **歯科的チェック**

1歳6か月〜

- **一人歩き**
- **食生活**（離乳食の完了）
- **体重の増加**
- **アレルギーの有無**

2歳〜

- **運動発達**
- **体格**
- **言語の発達**（2語文）
- **アレルギーの有無**

3歳〜

- **言語の発達**（3語文）
- **社会性**
（精神発達、コミュニケーション）

※法定健診（1歳6か月、3歳）以外の乳幼児健診は、各市区町村で実施時期が異なります。

第 5 章

病気の子どもに寄り添うときの3つのルール

我が子の病気は、自分が病気になるよりずっとつらい。
でも、子ども本人は「はじめての経験」に戸惑い、
もっと不安に感じています。そんな気持ちに寄り添って、
安心させてあげるための3つのルールをお話しします。

全ての患者さんを「我が子」と思って

「先生さ、子ども育てたことないでしょ。だから親の気持ちがわからないんだよ」

小児科医になって1か月もたたない頃、患者さんのご家族からいわれた言葉です。

今ではあたり前になっていますが、各診療科を巡る「研修医制度（医師臨床研修制度）」は、私が医師になった年にできました。

医師国家試験に受かると2年間、内科、外科、麻酔科、小児科、産婦人科で研修を受けます。**専門的な事柄を学ぶというより、人を診る総合的な勉強をするのです。**

この研修を終え、小児科や内科、外科などの、自分が進みたい科を選択します。

自分でいうのもなんですが、私は仕事をそつなくこなせるタイプのようで、フットワークも軽かったため、同僚よりも少しだけ上司の先生からかわいがられていました。

そんなこともあってか、小児科で働き始めた頃もそつなくこなせているという自負があったのです。そのため、冒頭の言葉は私にとって青天の霹靂《へきれき》で、それ以来「小児科とは？　小児科医とは？」を自問自答するようになりました。

その言葉の真意を探る暇もないまま月日は流れ、私にも家族ができ、娘が生まれました。生後2か月がたった頃、ちょっとした風邪……くらいに思っていた症状をこじらせ、娘が私の勤めていた病院に入院することになったのです。

周囲に「愛娘《まなむすめ》」といってはばからない親バカぶりを発揮していた私は、朝から夜まで小児科医として病院での勤務をこなし、勤務後はつき添い家族として病院で過ごすことにしたのでした。

臨床経験を積んできてはいるものの、やはり我が子の症状の変化は心配です。

そのときふと、患者さんのご家族の、あの言葉がよみがえってきたのです。

「あぁ、あのときのご家族の気持ちは、こういうものだったんだな」

病気の子どもを看病する家族の気持ちを我がこととして知ることができ、ようやくそのときのご家族の言葉が理解できました。

「小児科は病気を治すだけではダメなんだ。子どもの病気を見るのではなく、子どもそのもの、そして家族のケアまでできて本当の小児科医なんだ」

それ以降、私は小児科医として、子どもと家族に寄り添うために、大きな3つの柱を設け、その柱が1本でも欠けないよう、患者さんとそのご家族に接しています。

①子どもと家族にとってベストな選択肢を常に考える

小児科医は病気の子どもの診断をし、家族に検査や治療方針などを提案します。

小児科医としては「医学的にベストな選択肢」でなくても、痛みが少ない検査や、薬の選択など、子どもの負担がなるべく軽い「ベターな選択肢」を提案できれば、役割は果たせているかもしれません。

しかし、ご家族は治療方針を決める際、我が子にとってベストな選択肢を小児科医に提供してほしいと思っているはずです。

したがって私は、どんな軽症な病気であろうと、クリニックを受診する子どもを我が子だと思い、病気の子どもとご家族にとってベストを尽くしたいと思っています。

②痛みは最小限に

最近、感染性の病気で小児科を受診するご家族から、園より「原因を特定してきてもらってください」といわれた、と伝えられることが増えたように思います。

園側とすれば、感染状況を把握した方が、園、家族ともに安心できるでしょう。

でも、ちょっと考えてみてください。

例えばRSウイルスが流行していたとしましょう。

ほとんどの子どもは、特別に薬を飲まなくても子ども自身の免疫力で治るのです。そのような状況にも関わらず、鼻から綿棒を突っ込み、痛みが伴うRSウイルスの検査をして、RSウイルスだと特定する必要があるでしょうか？

当然、1歳未満の子どもや、感染することで症状が悪化する持病のある子どもには、症状次第では1歳以上でも積極的に検査をすべきです。

しかし、園の指示や家族の心配の解消のために痛みを伴う検査をするのは、最小限にとどめるべきだと私は考えています。

③専門用語を極力使わない

発熱が続いている子どもに血液検査を行い、検査結果を医師がご家族に伝える場合、「発熱が持続していたため血液検査をしたら、白血球とCRP（C反応性タンパク）が高いので、細菌感染が疑われます。抗生剤の治療が必要です」と伝えるのが普通です。

しかし、これを聞いたご家族は、頭の上に「?」がつくのではないでしょうか？

医師が診断した客観的事実を伝えることは大事ですが、病状が家族に伝わっていなければ、なんの意味もありません。

私は、この状況では、次のように伝えるようにしています。

「高い熱が続いていたので、血液検査をしました」

「検査の結果、○○くんの病気の原因になっているばい菌と戦う、白血球という兵隊の数がとても多くなっています」

「もう1つの炎症を表すCRPというタンパクの数が多いため、熱の原因はばい菌によるものだと思います」

「ばい菌が増殖すると血液に入って入院が必要なことがあるので、ばい菌を増やさないようにする、抗生剤という薬を使う治療をしましょう」

このように、できるだけ家族にわかりやすく説明するようにしています。

この「3つのルール」は、私が患者さんとご家族に寄り添う際の心がけですが、病気のお子さん本人は、ご家族と同じかそれ以上に心細く、不安に思っているものです。

皆さんも、この「3つのルール」を、病気のお子さんに寄り添う際にご活用ください。

health
consultation

「先生なら助けてくれる」という安心のために

患者さんとのコミュニケーションのとり方でも、次のようなことに努めています。

・ときには表情、声のトーンで重症度を知らせる

私の診察は比較的アットホームな感じで、診療中に雑談も飛び交います。患者さんである子どもたちは終始リラックスし、家族に病状説明をしている最中、私のひざに座っていることもあるほどです。

しかし、ご家族に子どもの病状の深刻さを伝える際に、**あえて声のトーンを落としたり、聴診の時間を少し長めにしたりすることがあります。**

これは、ご家族に「えっ、いつもの先生と雰囲気が違う。もしかして、あまりよくないのかな?」と、言葉ではなく肌で感じてもらうためです。

状況を言葉ではなく、「実感」としてとらえてもらうことで、ご家族は、より子どもの様

第5章

子に注意してくれます。

ただ、過度に家族に不安を持たせるのではなく、最後には「少しでも不安があれば、いつでも当院に相談してください」と安心材料を渡すようにしています。

・来院しやすい環境にする

子どもにとって小児科は痛いことをするところで、あまり居心地のいい場所ではないと思います。でも、私たち医師は、患者さんがきてくれないことには、検査や治療をして、子どもの健康を支えていくことができません。

だから、**なにかあったときにすぐに行こうと思ってもらえるよう、病院を子どもや家族にとって居心地のいい場所にしたいと思いました。**

では、子どもと家族にとって居心地のいい場所とはどんなところでしょうか？

ディズニーランドやＵＳＪのようなテーマパーク、遊園地なら、子どもは嫌という気持ちをまったく持たず、むしろ行くのが楽しみですよね。

そこで私は、「じゃあ、クリニックをテーマパークのようにしよう」と考えました。

本をたくさん置いて、いつでも好きな本を大好きな家族に読んでもらう。

天井の高い、光の差し込む待合室では、いつも違うアニメが常に流れている。

そして、そこには病気のときに必ず助けてくれる「たけつな先生がいる」。

そう思ってもらえるように……。

環境を整えるだけでなく、診療中は子ども一人一人と向き合い、子どもが心を開いて話せる姿勢を大切にしています。

また、家族の不安にも寄り添うアプローチも大切にしています。**病気の当人がつらいのはあたり前ですが、我が子の体調を最も不安に感じているのは親御さんですから。**

その一環として、クリニックとしては、かなり専門的な検査機器も導入しました。


小児科は病気やケガを治療するだけではありません。子どもの未来を作る場所であると私は思っています。

だから、病気の子どもと家族がいつでもかかれるように、たけつな小児科クリニックと休日診療所で、ほぼ年中無休で診察を行っています。

未来を担うお子さんと、そのお子さんたちを守るご家族を支えるために。

おわりに

私の祖父は大阪で小児科の医院を開業していました。小さいときには病気になると、昼でも夜でも父が私を奈良から祖父の病院へ車で連れて行き、診察をしてもらっていたようです。はじめに私が医師として勤務した愛知の大学病院でも、通常診療から救急まで、24時間365日、小児科医が診ていました。そんな経験が30年近く続いたため、病気になったときは、いつでも小児科医が診てくれると思っていました。

しかし子どもが病気になっても、24時間365日診てもらえる体制が整っている方がまれで、私がいる奈良県などの地方では、小児科医が常に診てくれない環境にあります。

でも、病気で苦しんでいる子どもたち、不安な家族を、小児科医は放っておくわけにはいきません。その課題に自問自答しながら、たどり着いたのが、この本を書くことでした。

本書では、私が実際に日頃行っている診察のメソッドとポイントをお伝えしました。我が子が病気になったとき、小児科医が直接診察することができない環境でも、少なくともすぐに病院にかかるべきなのか、そうではないのかの参考になることと思います。

小児科医だった祖父は、私が愛知医科大学に入り、あと1年で卒業という矢先に他界しました。子どもたちに慕われていた祖父の背中を見て小児科医を志した私は、祖父と同様、地域医療の充実を目指して、奈良県に自身のクリニックを開院しました。

すると、私を頼って受診してくれる子どもたちの中に、なんと「たけつな先生みたいな小児科医になりたい」といってくれる子どもが出てきました。はじめは、本当に小児科医になってくれたらうれしいなと思う程度でしたが、次第に、自分が本気で子どもたちの夢にならなければ、子どもたちの人生を台無しにしてしまうかもしれないと思うようになりました。

今では、「子どもたちの夢になる」にはなにをすべきなのかをいつも考えています。

私の原動力となってくれている全ての子どもたち、ご家族の皆様、そして、この本を読んでくださった皆様に、心より感謝いたします。

Y・Kくん、H・Fくん、Y・Yちゃん、Y・Tくん、あとは頼んだよ！

頑張っている子どもたちを支える土台となること。日本中どこでも同じ質の小児医療を24時間、365日提供できる環境を作ること。それが、全ての子どもと家族の「心《こころ》」と「体《からだ》」の支えにつながっていく。私の全てをかけたいと思っています。

2023年5月

竹綱庸仁

病名・症状別

さくいん

本書で紹介した病名と症状のほか、
複数項目にわたって紹介している
ウイルス名などの言葉や、一部おうちケアも
合わせて掲載しています

あ

RSウイルス（RSウイルス感染症）……24・57・76・88・189
アセトン血性嘔吐症……36
あせも……100・102
アタマジラミ→しらみ
頭を打った→打撲
アデノウイルス（アデノウイルス感染症）……20・63・74・88・182
アトピー性皮膚炎……50・102・103
アナフィラキシー……48・107・108・155
アフタ性口内炎→口内炎
アレルギー性結膜炎→結膜炎
アレルギー性紫斑病……118
アレルギー性鼻炎……24・126・144
アレルゲン……47・48・103・108・126・129

い

意識障害……81・84
異常行動……85
咽頭炎……63
咽頭結膜熱→プール熱
インフルエンザ……20・32・62・68・80・83・84・96・166
インフルエンザ桿菌→ヒブ
インフルエンザ脳症……80・84

う

ウイルス性胃腸炎→感染性胃腸炎
ウイルス性湿疹……48
打ち身→打撲

え

A群β溶血性連鎖球菌→溶連菌感染症
ADHD……181
MR（麻疹・風疹）……96
エンテロウイルス……64・67

お

O-157……112・115
嘔吐……5・18・22・35・36・40・44・54・58・64・67・68・70・74・82・92・94・106・108・112・120・122・136・142・149・156
おたふく風邪……55・83・94・96
おぼれた……134・152

か

外耳道炎……128
学習障害……180
角膜炎……129
過敏性腸症候群……44・182
花粉症……126
かゆみ……48・58・78・90・98・100・102・103・104・106・108・126・129・154

コクサッキーウイルス 64・67・68・116
こだわり 175・177
骨折 139・142・146
コミュニケーション障害 172

さ

細気管支炎 60・62
細菌性胃腸炎→感染性胃腸炎
細菌性結膜炎→結膜炎
細菌性髄膜炎→髄膜炎
サルモネラ 112・115

し

自家中毒→アセトン血性嘔吐症
色覚異常 174
止血 136・144
弛張熱 60・128
湿潤療法 138
湿疹 48・58・67・78・90・98・99・100・102・103・104・106・108・154
自閉症 168・181
#8000 43
周期性嘔吐症 36
出血 35・99・136・143・144
上気道炎 63
食中毒→感染性胃腸炎
食物アレルギー 44・57・106・108・126・163
しらみ 155
腎盂腎炎 124
心筋梗塞 99
心身症 183
心臓マッサージ 153
じんましん 106

す

膵炎 94
水痘帯状疱疹ウイルス 90
髄膜炎 36・40・82・94
頭痛 40・78・80・82・94・118・156・158
すり傷 139

川崎病 48・99
感覚統合療法 178
感染性胃腸炎 36・112・182
感染性結膜炎→結膜炎
浣腸 121
カンピロバクター 115

き

気管支炎 60
気管支喘息 86
気胸 40
傷 136
季節性インフルエンザ→インフルエンザ
気道異物→誤飲
急性喉頭炎→クループ症候群
急性糸球体腎炎 78・118
切り傷 139
起立性調節障害 183

く

クループ症候群 63・88

け

頸部リンパ節炎 99
けいれん 5・18・32・40・54・58・64・67・68・70・80・114・136・142・154
血尿 78・118
血便 19・44・113・122
結膜炎 74・129
下痢 16・20・44・58・64・73・74・80・95・108・112・125・182
言語発達 162・172・173・184

こ

誤飲 35・148
構音障害 176
行動異常 177
喉頭炎→クループ症候群
口内炎 64・67・116
股関節炎 40
股関節の異常 161・167・171・184

な

夏風邪……74

に

日本脳炎……96
尿路感染症……61・124

ね

熱性けいれん……22・32・59・65・68・70・81
熱中症……36・156・158
ネフローゼ症候群……118

の

脳炎……84・96
脳挫傷……139・143
脳症……81・84・114
ノロウイルス……36・44・112・182

は

肺炎……20・35・60
肺炎球菌……62・82・96・128・165
敗血症……20・61
吐いた→嘔吐
発達検査……180
発達障害……168・175・181
発熱……4・18・20・35・54・58・61・64・67・68・74・76・78・80・82・84・90・92・94・98・99・100・102・112・116・124・127・128・157・166・189
鼻吸い（鼻吸い器）……26・77
鼻血……126・144
鼻水（鼻づまり）……16・20・24・58・63・64・76・80・82・124・126・127・128
パラインフルエンザ……20・63・88
パルボウイルスB19……98

ひ

B型肝炎……96
BCG……96・99

せ

精巣炎……94
成長痛……40
咳……19・20・28・54・58・60・64・76・80・82・86・88・92・124・128
喘息性気管支炎……63
先天性股関節脱臼……164
喘鳴……28・76・86

た

帯状疱疹……90
大腸菌……83・112・115・124
脱臼……146・164
脱水（脱水症状）……23・36・59・66・81・117・123・156・158
多動傾向……177・178
打撲……136・142
タンパク尿……118

ち

蓄膿症→副鼻腔炎
中耳炎……20・61・128
虫刺症→虫さされ
虫垂炎……40・112
中毒110番……151
肘内障……133・146
腸重積……36・40・122
直接圧迫止血法……137

て

手足口病……67・68・83・116
溺水→おぼれた
てんかん……32・70・82

と

動物咬症……154
Toddまひ……69
突発性発疹……48・58・68
とびひ……48・67・91・101・102・103・104

も

盲腸→虫垂炎

や

やけど …… 140
夜尿症 …… 179

ゆ

癒合歯 …… 170

よ

溶連菌（溶連菌感染症） …… 48・63・78・118
溶血性尿毒症症候群 …… 115
予防接種 …… 35・43・68・80・82・84・91・94・96・118・165・168
4種混合ワクチン …… 92・96

り

流行性角結膜炎（はやり目） …… 74
流行性結膜炎→結膜炎
流行性耳下腺炎→おたふく風邪
リンゴ病 …… 48・98

ろ

ロタウイルス …… 36・44・96・112・122・182
肋間神経痛 …… 40

ヒトヘルペスウイルス6型（HHV-6） …… 58
ヒトヘルペスウイルス7型（HHV-7） …… 58
人見知り …… 168・184
ヒト・メタニューモウイルス（ヒト・メタニューモウイルス感染症） …… 24・57・76
ひび→骨折
ヒブ …… 62・82・88・96・165
百日咳 …… 92・97

ふ

風疹 …… 96
プール熱 …… 74
腹痛 …… 40・75・94・112・120・123・142・182
副鼻腔炎 …… 127
ブドウ球菌 …… 102・112・115

へ

ヘルパンギーナ …… 48・64・67
ヘルペス→口内炎
片頭痛 …… 127
扁桃炎 …… 63
便秘 …… 36・120

ほ

蜂窩織炎 …… 155
膀胱炎 …… 124

ま

マイコプラズマ …… 62
麻疹 …… 96

み

水いぼ …… 48・104
水ぼうそう …… 48・90・96・102

む

無菌性髄膜炎→髄膜炎
虫さされ …… 154
ムンプスウイルス …… 94

竹綱庸仁（たけつな のぶひと）

たけつな小児科クリニック院長。小児科専門医、小児科指導医、地域総合小児医療認定医。愛知医科大学医学部卒業後、附属病院で臨床研修医として勤務。その後、同病院小児科入局、助教を経て、奈良県生駒市内の二次医療機関（小児科）の立ち上げに従事。2017年、同市にたけつな小児科クリニックを開院。ときに「たけつな渋滞」が起こるほどの信頼を得て、年間3万人の子どもを診るクリニックのほか、共働きの親が安心して病気の子どもを預けられる施設「病児保育室バンビ」、言語発達遅延を持つ子どもに個別の言語訓練を行う児童発達支援「のびいく」を立ち上げ、子どもの未来のために地域医療に貢献していくことをミッションとする。クリニックのスローガンは「全ては子どもたちのために」。

たけつな小児科クリニック　http://www.taketsuna-kojika.com/

行列《ぎょうれつ》のできる子《こ》ども健康相談室《けんこうそうだんしつ》

0～10歳児《さいじ》の病気《びょうき》とケガのおうちケア

2023年5月11日　初版発行
2023年9月15日　再版発行

著　竹綱庸仁《たけつなのぶひと》
発行者　山下直久
発行　株式会社KADOKAWA
〒102-8177　東京都千代田区富士見2-13-3
電話0570-002-301（ナビダイヤル）
印刷所　図書印刷株式会社
製本所　図書印刷株式会社

●お問い合わせ
https://www.kadokawa.co.jp/（「お問い合わせ」へお進みください）
※内容によっては、お答えできない場合があります。
※サポートは日本国内のみとさせていただきます。
※Japanese text only
定価はカバーに表示してあります。

ISBN 978-4-04-606160-7　C0077